【オールカラー】日本の城を極める

加藤理文
中井均

ONE PUBLISHING

はじめに

昨年から今年にかけて、全国で改装工事を終えた城が次次とリニューアルオープンしました。岡山城（岡山県）や福山城（広島県）、大河ドラマで注目の徳川家康の浜松城（静岡県）、岡崎城（愛知県）、掛川城（静岡県）や島原城（長崎県）、会津若松城（福島県）に郡上八幡城（岐阜県）と、全国に及んでいますが、いずれも復興天守のある近世城郭です。その外観は美しくなり、内部の展示も充実することになりました。見どころが増えたことで、以前より来場者は増加しました。さて、こうした近世城郭は、どこを見たらより楽しむことができるのでしょう。そこで、中井均さんと私が、全国の近世城郭を廻って感動した現存するパーツをまとめた本をお届けします。

近世城郭に現存する物と言えば、すぐさま天守、現存十二天守が浮かんで来るのではないでしょうか。もちろん、天守もそうですが、城には御殿や櫓、城門という大きな建物だけではなく、土塀や番所・馬屋、果ては井戸や橋という皆さんが日頃注目しない建築物も多く残されています。何気なく、城を見て通り過ぎてしまっていますが、城には、多くの人々が勤め、生活をしていたわけですので、様々な施設が建てられていました。また、近世城郭も軍事施設であることは間違いありません。建物だけでなく石垣や堀、土塁、切岸など、中世以来の防御施設もたくさん利用されています。近世城郭は、土木技術の粋を集めて築き上げられていたのです。

一読していただくと、城は様々なパーツから成り立っていることがお判りいただけると思います。城を築く時、中に簡単に人を入れないようにするにはどうしたらいいのか、効果的に攻撃するにはどうしたらいいのか、築城者は持てる限りの知恵を絞って、様々な考えからパーツを配置し、城を造り上げたのです。本書は、そうしたパーツを二人の目で厳選してピックアップして、写真を添えて解説した、極めてマニアックな本です。ぜひ、本書を片手に、マニアックに城を攻めてみてください。きっと、こんな見方もあるんだと、新たな城の魅力に触れることが出来ると思います。いやあ、城って本当に奥が深い。皆さんも、どっぷり城の魅力に浸って、コアな視点で、城を堪能してください。

二〇二三年七月

加藤理文

彦根城の太鼓門櫓前の岩盤を利用した石垣。排水溝も削られている。

【オールカラー　日本の城を極める】目次

※掲載の情報は2023年7月時点のものです。

美しさばかりに目を奪われてはいけない！　武骨で攻撃的な天守の本質■

戦う天守

【姫路城・松本城・彦根城・犬山城・松江城】

天守①　国宝五城

……中井　均

城は美しいだけのものでは決してない。城は軍事的防御施設として築かれたものなのである。城の代名詞ともいえる天守《てんしゅ》も同様で、防御施設の要としても築かれた。

国宝に指定されている五つの天守にも防御施設としてさまざまな工夫が施されている。それらを見ずして天守の醍醐味は味わえない。

たとえば姫路《ひめじ》城では大天守の地階に流し台が備えられ、便所も備えられている。さらに連立式の天守群の中庭には台所も設けられており、籠城《ろうじょう》戦を戦い抜くために築かれたことがわかる。

松本《まつもと》城の天守では大天守と乾《いぬい》小天守の初層に十六ヶ所もの石落《いしおとし》が設けられている。石垣が低い弱点を、石落を多用することで補っているのである。

彦根《ひこね》城の天守は、正面は非常に象徴的であるが、搦手《からめて》側では石垣の塁線上に続櫓《つづきやぐら》や付櫓《つけやぐら》が構えられており、頭上からの攻撃にさらされてしまう。

犬山《いぬやま》城の天守では付櫓や石落を設けて横矢《よこや》が掛かるように工夫されている。

松江《まつえ》城の天守では地階に井戸を設け、石落を二階に設け、一重目の軒に開口している。

「戦う天守」を持つ国宝五城

城郭の本質は軍事的な防御施設である。美しい日

姫路城天守台所
姫路城は５重６階地下１階の大天守と、東・乾・西小天守を渡櫓で結ぶ連立天守である。その中庭には２階建ての台所が備えられており、籠城戦に備えられていた。

本の城ではあるが、じつはいたるところに防御機能が備えられているのである。それらは見逃してしまってはじつにもったいない。そこで絶対に見落としてはならない構造にこだわってみたい。さらに個別の城跡紹介ではなく、個別の施設ごとに見どころを紹介することとした。もちろん近世城郭はたんに戦うだけの施設ではなく、権力の象徴としての見せる城でもあった。そうした見せるこだわりについても紹介したい。

まずは城の代名詞でもある天守について、特に国宝五城の天守を紹介しよう。これらの天守は大変優美で、軍事的防御施設であることを忘れてしまうほどである。しかしその構造については戦う天守として築かれたことが明らかである。

天守群のみの籠城を想定した【姫路城】

たとえば姫路城天守を見てみよう。姫路城天守は五重六階地下一階の大天守と東・乾・西の三つの小天守を渡櫓《わたりやぐら》で繋いだ連立式天守である。その中庭部に二階建ての台所が備えられており、天守群だけになっても籠城できる構造となっている。さらに大天守地階には「流し台」が備えられている。竹を簀子《すのこ》状に敷き、排水は銅管によって天守外側の雨落《あまお》ちに流れるように工夫されている。

また、地階の北東隅と南西隅部の階段下に厠《かわや》（便所）が三基ずつ、計六基が設けられている。面白いのは北東隅の厠には便槽《べんそう》として備前焼の大甕《おおがめ》が備えられているが、南西部には備えられていない。余談ではあるが、姫路城は戦いの場とはなっておらず、したがって厠は未使用である。台所、流し台、便所といった施設が天守に備えられているのは、まさに戦うために築かれたものであることを如実に物語ってくれている。

さらに大天守の一・二階の廊下内側には鉄砲や槍などの武器を掛けるための武具掛けがびっしり備え付けられている。その数は鉄砲六〇五挺分におよんでいる。こうした武具掛けの上部の横木にはL字状の釘が打ちこまれ、火縄掛けとしていた。三・四階は破風《はふ》が配置され腰高となり、床面と窓の位置に高低差が生じているので、窓からの攻撃を可能とするため、石打棚《いしうちだな》と呼ばれる犬走《いぬばし》りが設けられていた。

ところで姫路城天守には天守に侵入してきた敵を防ぎ、攻撃できる施設が設けられている。ひとつは階段を登ったところに引き戸を設け、敵の各階への侵入を阻止している。また大入母屋《おおいりもや》破風の屋根裏を利用した小部屋を配し武者隠《むしゃがくし》としている。さらにこの小部屋には天守へ向けて狭間《さま》が切られており、天守に侵入した敵を迎え撃つトラップとなっている。

このように美しい姫路城天守は、じつは最も本気モードの戦う天守として造営されたものであった。

従来、姫路城天守のような大天守と三基の小天守を多門で繋ぐ構造を連立天守と呼んでいるのであるが、本丸のさらに一段高く詰丸《つめのまる》として構えられた天守曲輪と呼ぶべき構造で、最後まで戦うことを想定して構えられた天守と評価できる。

隠された武骨な顔——【松本城と彦根城】

松本《まつもと》城天守は大天守と乾小天守を連結し、辰巳附《たつみつけ》

姫路城大天守の武具掛け

大天守の入側廊には武具掛けが取り付けられ、鉄砲が掛けられるようになっていた。大天守全体では605挺にのぼる火縄銃を掛けることが可能であった。また横木にはL字状の釘が打ちつけられており、火縄掛けとしていた。

姫路城大天守流し台

姫路城の大天守の地下には籠城戦に備えて流し台が設けられている。竹の簀子（すのこ）状に敷き、排水は銅管を通して城外に流れるようになっている。

姫路城大天守狭間

姫路城の大天守には内部に小部屋を備え、狭間を設けている。天守に侵入した敵を内部から迎え撃つための施設である。

姫路城大天守石打棚

大天守3階に備えられた石打棚。石打棚とは、いざ戦の場となった際に、上方に備えられた窓から攻撃するために兵が乗る棚と、左右に昇降用の階段を設けた施設である。

松本城大天守と乾小天守

北西部から見た大天守と乾小天守は、江戸時代には増設された辰巳附櫓と月見櫓が見えないため、武骨で古めかしい姿を見ることができる。

櫓《やぐら》を直結した複合連結式とでもいう構造である。石《いし》川数正《かわかずまさ》・康長《やすなが》によって創建された天守は現在の乾小天守で、慶長二十年（一六一五）に、現在の大天守が築かれた。辰巳附櫓と月見櫓は寛永十～十五年（一六三三～三八）という平和な時代に増築されたものである。月見櫓の朱の高欄《こうらん》が美しい姿を見せるが、北西側から望む月見櫓の見えない姿にこそ戦う天守の武骨さを伝えてくれる。

この天守群の大天守と乾小天守の初層（一層目）には十六にもおよぶ石落が備えられている。石落とは石を落とすものではなく、斜めに銃を構えて、石垣を登る敵に横矢を利かせる施設である。平城《ひらじろ》で低い石垣は松本城最大の弱点となる。その弱点を克服するために過度ともいえる多くの石落が備えられた。

彦根《ひこね》城天守はさまざまな破風《はふ》を備えた華麗な天守である。その位置を見ると本丸のほぼ中央に玄関を備えた複合式天守に見え、近世的な象徴的天守の姿を見せている。ところが黒門《くろもん》からの搦手《からめて》側から望むと付櫓と続櫓が石垣の塁線上に配置されており、搦手を頭上から攻撃できる構造となっている。さらに黒門からの搦手道が井戸曲輪《いどくるわ》のところに仕切門《しきりもん》を備えて敵の進入を阻止しており、天守続櫓がその直上に位置しているのである。搦手側ではじつに攻撃的な天守の顔を有しているのである。

天守外観からは狭間の存在は認められないが、天守内側には鉄砲狭間や矢狭間が切られており、外壁を打ち破って用いられる隠狭間《かくしさま》であることがわかる。こうした隠狭間は一般的には敵に知られないためといわれているが、一方で天守外観の象徴性を損なわれないための配慮ではないかともいわれている。

内部は仕掛けいっぱい――【犬山城】

犬山《いぬやま》城天守は従来日本最古の天守といわれてきた。天文六年（一五三七）の築城当初のものといわれているが、安土築城四十年前に天守の存在はありえないし、その土台となる石垣もまだ存在しない時代であり、瓦《かわら》も城に用いられることのない時代である。

こんな基本的なことが議論されずに日本最古とよくいわれてきたものである。現在では慶長六年（一

松本城天守石落

松本城の天守群に設けられた石落は大天守、乾小天守の隅部と、大天守の中央部に合計16ヶ所にわたっている。堀に面した部分だけではなく、本丸側にも及んでいる。

松本城天守内部

松本城大天守には荷揚げ用に開口した部分があり、物資の運搬に用いられたと考えられる。

彦根城天守付櫓と続櫓

彦根城の天守は東・南面は独立天守の姿を見せ、極めて象徴的な構造となる。ところが北面には付櫓と続櫓が石垣上に備えられ、搦手方面に睨みを利かせていた。

彦根城天守狭間

彦根城天守では外観には狭間を見ることができない。しかし内側には鉄砲狭間が設けられており、隠狭間であったことがわかる。

彦根城天守突上戸

彦根城天守の窓は初重（１層目）の窓格子が塗籠とならず、突上戸となり、腰の羽目板張とともに古式を呈している。

六〇一）ごろに造営され、さらに元和六年（一六二〇）に大修理が施されて現在の姿となったようである。さらに著名な上段の間は幕末に改修されたものである。

その犬山城天守であるが、天守へは石垣を開口して入口を設けている。その内部は地下二階構造の穴《あな》蔵《ぐら》となっており、階段を直角に折り曲げて一階に至るようになっている。これは直進を避けるための構造であった。

また、この入口に対して横矢を掛けるために付櫓が配されている。初層北西隅には張出部《はりだしぶ》があり、石落の間と呼ばれている。西・南部に連子窓《れんじまど》が備えられており、西側の死角をカバーするための横矢施設として構えられたものである。

天守に井戸を備える【松江城】

慶長五年（一六〇〇）の関ヶ原合戦の戦功により堀尾吉晴《ほりおよしはる》・忠氏《ただうじ》父子は出雲・隠岐二ヶ国を賜り、富《と》田《だ》城に一旦入城する。慶長十二年（一六〇七）より新たな居城として松江《まつえ》城を築城する。現存する天守は祈祷札《きとうふだ》によって慶長十六年（一六一一）に造営されたことがわかる。

付櫓を前面に構えた複合型天守で、付櫓両脇には石落が配置され、正面からの敵に対処している。さらに付櫓を突破しても天守入口はずらせて開口しており、直進を妨げている。また、天守壁面にも狭間が構えられており、付櫓に侵入した敵に対しても攻撃が加えられるようになっている。

大天守地階には井戸が設けられており、籠城戦に備えている。また、二階の隅部と中央部に石落を六ヶ所に構え、一重目の屋根の軒を開口できるようにしており、一見するとその配置には気が付かない。関ヶ原合戦直後に新たな支配地に造営された天守は極めて軍事性を重視する天守であった。

このように天守は美しいものだけではなく、戦うためにさまざまな工夫が施されているのである。ぜひこうした仕掛けから、改めて天守の意義を考えるのも面白いのではないだろうか。

犬山城天守付櫓

犬山城天守入口は石垣を開口して備えられているが、その入口に対して横矢が掛かるように付櫓が配されている。

犬山城天守石落

犬山城天守の西北隅部には張出部があり、「石落の間」と呼ばれている。石落とともに南側と西側に連子窓（れんじまど）が設けられており、横矢を掛けるためのものであったことがわかる。

松江城天守

天守前面の付櫓には石落、鉄砲狭間が構えられ、玄関と言うよりも天守に迫る敵を迎撃するための施設であった。

松江城天守地下井戸

天守地階は塩蔵とも呼ばれ、籠城に備えて塩などが保管されていた。その中央には井戸が設けられていた。

いかに美しく見せるか！　天守は、様々な意匠が凝らされた

見せる天守

【備中松山城・丸岡城・宇和島城・弘前城】

天守② 重要文化財

加藤理文

為政者たちは、軍事施設の中に常に「美しさへのこだわり」を追い求めた。今回は、軍事施設の中に垣間見える美を探りたい。重文指定の七城の天守、大きさは二重・三重と様々だが、いずれの天守も美しく見せるために工夫が施されている。何気なく見過ごすか、そこに美を感じるか、天守の姿は大きく変わって見えるはずである。

まず、初期天守の面影を残す丸岡《まるおか》城天守を見ておきたい。丸岡天守は、大きな入母屋造《いりもやづくり》の建物に望楼《ぼうろう》を載せた極めて古式な望楼型の外観で、最上階に非実用的な装飾としての廻縁《まわりえん》と高欄《こうらん》を配し、格式を高める効果を狙っている。

現存最小の備中松山《びっちゅうまつやま》城天守は、初重正面に下部が石落となる巨大な唐破風《からはふ》付き出窓を配し、どっしりとした風格を漂わせることに成功した。さらに、東面と北背面に、鯱《しゃち》が載る入母屋造の付櫓《つけやぐら》状の突出部が付設し、彩を添える。

十六世紀中頃に建て直された宇和島《うわじま》城天守は、白《しろ》漆喰総塗籠《しっくいそうぬりごめ》の三重の天守で、破風を多く用いた派手な意匠だが、いずれも飾りで、巨大な玄関も付設する平和な世相を表す天守である。

備中松山城天守正面
標高430ｍの小松山山頂に位置し、現存する唯一の山城の天守。二重という小規模な天守だが、巨大な唐破風に黒漆塗りの兎毛通を付け格式をあげると共に、連格子の出窓により存在感を高めている。

弘前《ひろさき》城天守は、外郭に面する二面に矢狭間《やざま》のみを配し、その上下に長押形《なげしがた》を採用、さらに初重、二重目に切妻出窓《きりづまでまど》を配すことで格調高い姿となった

「見せる天守」と「戦う天守」【重文四城】

今回は、戦う施設の中に、いかに権力の象徴として見せる部分を追い求めたかについて紹介する。

軍事的防御施設として築かれた城は、決して美しいだけの施設ではなかった。前回の国宝五城だけでなく、重文七城も、平和な時代に築かれたにもかかわらず、戦う天守としての施設が残されている。戦う部分と見せる部分、為政者たちはどのようにして、相反する箇所に調和をもたらしたのであろうか。美しく見せながら、なお垣間見られる無骨で攻撃的な部分、これこそが戦国期を生き抜いた大名の美的センスなのであろう。

江戸時代初め、優美な姿の中に、多くの戦闘的な姿が残され、天守は戦うための施設であった。しかし、平和な世になると、戦闘的な部分は次第に姿を

ひそめ、美しさと格式の高さを持つ天守を築くことに腐心したのである。

二重天守をより大きく見せる工夫【備中松山城】

二重二階で高さ約一一メートルでしかない。そこで、最高所の岩盤を利用し、さらにその上に石垣を構築し、そこに天守を建てることで、存在感を高めていた。また、初重正面に巨大な唐破風付き出窓を、二階正面両端には、小屋根を持つ縦連子《たてれんじ》の折れ曲がり出窓を配すことで、外観に彩を添えるとともに、風格をより醸し出している。東面と北背面に付設された入母屋造の付櫓状の突出部には、それぞれ鯱が挙げられているため、二重天守でありながら、都合四体の鯱を持つことになった。小ささを補うために、様々な部分を突出させることで、より大きさを強調しようとする工夫、まさに天守は見せるためであったことを物語っている。

外観とは異なり、内部は色濃く戦う姿を残している。一階は、中央部に身舎《もや》を設け、周囲に入側《いりがわ》（武者走り）が廻る構造であるが、突出部が存在する。東側突出部には国内唯一の囲炉裏《いろり》が設けられ、籠城《ろうじょう》時の暖と食事用と伝わる。確かに冬季の山頂の寒さは想像以上に厳しかったのであろう。また、北背面の突出部は、一階より約六尺高くなっており、装束の間と呼ばれ、籠城時の城主の御座所と言われる。万が一の際にはここが自害の場となるというが、真偽のほどは定かではない。また、二階には守り神として多くの神々を勧進した御社壇も残る。このように、小さいながらも明らかに天守が最終防御施設であったことが判明する。

古式な姿に裏腹な戦わない天守【丸岡城】

天守は、大きな入母屋造の建物に望楼を載せた極めて古式な外観で、最上階も柱や長押《なげし》を白木のまま見せ、軒《のき》も塗籠《ぬりご》めとはなっていない。初重中央部に巨大な出格子窓《でごうしまど》を配すことで、単調になりがちな外観に彩りを添えていた。また、天守台天端《てんば》から控えて初重部分が建てられているため、腰屋根（腰庇《こしびさし》）

備中松山城廊下と天守入口
本来、天守に入るためには、八の平櫓へ入り、そこを通って現存する廊下内に入って、廊下から天守１階へ入る階段を登るという、非常に複雑な通路となっていた。廊下の外側には、石落も見られる。

備中松山城天守囲炉裏
天守１階は、正面５間、側面７間の部分を本体として、東側に入母屋造の突出部を設け、内部に囲炉裏が配されていた。暖用とも万が一の調理用とも言われるが、規模は大きく実用向きではある。

備中松山城２階に設けられた御社壇
御社壇には、三振りの宝剣が納められ、摩利支天を始め多くの神々を勧請している。天守内部に守り神としてこれ程多くの神々を勧進した事例はない。

丸岡城天守を望む
入母屋造の建物に、望楼を載せた極めて古式な外観である。屋根には、笏谷石製の石瓦が葺かれている。これは、通常の燻瓦では、北陸の冬季の寒暖差に耐えられないためであった。

丸岡城天守の廻縁と高欄
最上階には廻縁と高欄が配され、下から見るとあたかも外に出て四周を廻れるかのような印象を持つ。しかし、これは格式を高めるための装置で、実際に外へは出ることは出来ない。

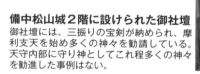

が設けられている。このように、あえて古式を強調することで、格式を持たせようとしたのである。最上階の廻縁は窓の外にあり、三階床部分より高いため、直接出入することは難しい。無理して出ることは可能だが、高欄が低すぎて、四周を廻るのは躊躇せざるを得ない。彦根城天守同様、装飾のための廻縁で、格式を高める効果を狙ったものである。

丸岡城は、他天守と異なり、戦闘的な部分が少ない。まず、天守入口が直線となっている。これは、後世の改変で、当初は付櫓が存在し、そこを経由して天守へと入る構造であったためで、割り引いて考えなくてはならない。だが、入口は簡易な木製引戸《ひきど》でしかなく、極めて防備性に劣る。併せて、この入口を入ると二階への階段がすぐ近くに、向きを正面に設けられているため、すぐに二階へ上がることが可能で、天守が最終防御施設としての態を成していない。また、天井近くや、階段背後の壁に狭間が設けられているが、これも明り取りのためのもので、防御施設として付けられたものではない。丸岡城は、戦う天守ではなかったことを示す事例である。

見せかけの破風で華麗な外観を演出【宇和島城】

二代藩主伊達宗利《だてむねとし》が、老朽化した藤堂高虎《とうどうたかとら》創建天守を解体し、新たに建て直したもので、再建工事は、寛文二年（一六六二）に開始され、同六年完成を見た。泰平の世に造られたため、実戦とはかけ離れたシンボル的存在となり、入口には、御殿建築のように唐破風造の玄関を付設、天守台石垣天端に幅一メートル弱の犬走りが四周を廻る。さらに、石落、狭間は無く、千鳥破風《ちどりはふ》、唐破風も飾りでしかなかった。

三重三階で、各階ともに平面正方形を呈し、下階から上階にかけて、一間ずつ規則正しく逓減《ていげん》する層塔型天守である。一階平面は、六間四方で、幅一間半の入側（武者走り）が巡っている。二階の入側は一間幅となり、三階は四間四方一室となる。身舎と入側の境には障子が設けられ、畳敷となるなど、居住スペースとしての体裁が整っている。

石垣は高さ約四メートル、切石によって積まれた切込ハギで、階段も二間と幅広である。天守本体は

丸岡城天守入口を望む
簡易な薄い板を使用した引戸が1枚だけの、極めて無防備な入口構造であった。内部に入ると、正面右側に2階へ昇る階段が位置し、簡単に階上へと上がることが可能であった。

本丸から望んだ宇和島城天守
開放的な玄関だけでなく、各階に設けられた装飾性の高い破風や懸魚などから太平の世を象徴する天守として築かれたことがわかる。小さいながらも御殿建築の意匠が随所に見られ、格式を重んじた造りである。

1階身舎を見る
1階は、約213㎡の広さを持ち、身舎と武者走りとの間には引戸式の障子戸を設け、その上には採光用の障子戸が配されている。障子建具も現存し、床は敷居が高く畳敷きであったことが判明する。

天守台の犬走り
天守台石垣天端に幅1m弱の犬走りを四周に回しているため、石落は設けることが出来ず、狭間の効果も低くなるため配されず、軍事的側面が薄れ、領主の威容を示すことに重点が置かれた天守である。

約一七メートルで、彦根城天守に近い。破風は完全な装飾で、二重目東西面に比翼《ひよく》千鳥破風、南北面に千鳥破風、三重目東西面に千鳥破風、南北面に向唐破風、最上階屋根東西に軒唐破風と、華麗な外観となっている。また、窓の上下に長押形を設けることによって、格式を高めるとともに、風格を持たせることに成功。正面に付設する唐破風造の玄関は、万延元年（一八六〇）の大修理に際し、完全に建て替えられたため、細部意匠は総て幕末の様式を示している。この玄関の付設により、開放的な部分がより強調されることになった。

天守らしく見せる工夫を凝らす【弘前城】

現存天守は、文化七年（一八一〇）本丸辰巳櫓《たつみやぐら》を改修したもので、三重三階で高さ約一四・四メートル。津軽藩は、「御三階櫓」として幕府へ届出ており、天守と呼び習わされるのは、明治以降のことになる。外観意匠は、極めて特異で、外郭に面する二面（東と南面）は、矢狭間のみとし、東面に三二個、南面に二七個が配された。この矢狭間の上下に長押形を配すことで格式を高め、さらに初重、二重目に切妻出窓を、出窓下には石落が設けられた。文化年間の櫓に、このような狭間や石落は不必要で、御三階櫓をいっそう天守らしく見せるための工夫であった。

対して城内側は、破風がなく、連子窓《れんじまど》を連続させる極めて単調な造りとなる。これは、堀に面す二面が矢狭間のみであったため、内部の採光を補うための配置と理解される。最も外側に各階一個の矢狭間を配し、天守らしさも演出している。

天守内部への入口は、西側石段を登った正面に設けられている。入口は、漆喰塗の開戸《ひらきど》の内側に、さらに木製の引戸が配され、まさに土蔵の造りと同様である。天守が倉庫となっていたことを如実に物語る。また、内部の階段は、部屋の隅に設ければ、部屋を大きく活用できることになるが、真ん中に作ってしまえば、部屋はまったく用を成さない。ここでも、天守が飾りだったことが判明する。

平和な時代に至り、戦わない天守に変化したが、外見だけは最後まで戦う天守を追い求めたのである。

二の丸より望んだ弘前城天守
本来の天守は慶長16年（1611）に、本丸南西隅に築かれた五重天守であったが、寛永4年（1627）落雷で焼失。文化7年（1810）幕府の許可を得、本丸辰巳櫓を改築し御三階としたのが、現天守である。

本丸から望んだ弘前城天守
内側から見ると、窓は採光のため大きな連窓とし、開閉がしやすい鉄板戸を採用したことが判明する。また、天守の格式をあげるに必要な破風は、二の丸側から見えないために省略されていた。

1階狭間と石落
外側からの景観を意識し、窓は一間に2つずつの箱狭間であったため、思った以上に明るい室内となった。破風下の石落からも採光された。

泰平の時代に相次ぐ再建。あらためて問われる天守の意味とは？

復古と装飾の天守

【高知城・丸亀城・宇和島城・松山城】

天守③ ……中井 均

江戸時代中期以降、多くの天守が焼失や老朽化などから、再建されるようになる。再建には焼失前の天守と同様の復古様式を採用するものと、まったく新しい様式を採用するものがあった。さらには防御施設とはまったく無縁の装飾を設けるものも出現した。今回は現存十二天守のうちの高知《こうち》城、丸亀《まるがめ》城、宇和島《うわじま》城、松山《まつやま》城の天守からこうした復古や装飾を探ってみよう。

高知城の天守は初代藩主山内一豊《やまうちかずとよ》によって創建されたが、享保十二年（一七二七）に焼失する。その再建は一豊創建天守の復元を目指した復古天守であった。

丸亀城天守は生駒親正《いこまちかまさ》によって創建されたものが一旦廃城となり、京極《きょうごく》氏によって再建されたもので小規模なものである。

宇和島城天守も藤堂高虎《とうどうたかとら》によって創建されたものが老朽化のため解体されたのちに再建されたもので、装飾的な天守となっている。

松山城天守は加藤嘉明《かとうよしあき》によって創建された五重天守が、のちに三重に改修されるものの天明四年（一七八四）に焼失し、その後再建されたものである。再建にあたっては焼失した天守を忠実に復元したようである。

高知城天守

藩祖山内一豊によって築かれた天守が焼失したのちに再建されたものである。望楼式で最上階は高欄が廻る構造で、一豊創建天守の姿を意識した再建であることがわかる。こうした天守を復古式と呼んでいる。

天守の再建ラッシュ

安土《あづち》築城以後、石垣、瓦、礎石建物という三つの要素は、以後の織田《おだ》、豊臣《とよとみ》系大名の築城に導入されてゆく。なかでも礎石建物の頂点に立つのが天守であった。天守は近世城郭のシンボルとして新城の築城にはこぞって造営された。それは慶長十四年（一六〇九）の一年間だけでも全国に二十五もの天守が造営されている（『鍋島直茂譜考補』）。

しかし、こうして全国の城郭で造営された天守はその後、落雷、火事などで焼失したり、地震で倒壊したり、老朽化によって解体されたりしてしまう。そこで江戸時代中ごろより失われた天守を再建する工事が各地で実施されることとなる。

再建にあたっては、幕府の発布した武家諸法度《ぶけしょはっと》を遵守しなければならない。幕府は城郭の改修には、厳しい規制を行っていた。このため、焼失後再建されなかった天守も珍しくない。再建されたものは幕府の「旧状に復す」という基本方針に沿ったものであった。

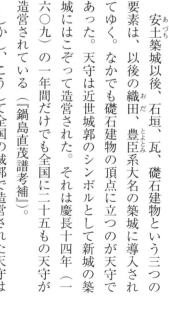

しかし、一方で藩祖たちによって造営された天守と同様の姿の天守を欲したことも事実である。江戸時代中期以降に慶長期ごろの姿の天守に再建したものを復古式と称している。ただ、すべてが復古式になるのではなく、平和な時代の天守も出現する。それらは視覚を重視した構造となり、装飾も華美なものを施すようになる。

藩祖一豊への追慕【高知城】

高知城は関ヶ原合戦の戦功によって土佐《とさ》に入封した山内一豊によって築かれた城である。慶長八年（一六〇三）には本丸、二の丸の普請《ふしん》も終わり、天守もこの段階で完成していたようである。この創建天守は享保十二年（一七二七）に焼失する。その後延享四年（一七四七）、八代藩主豊信《とよしげ》によって再建されたのが現存する天守である。

外観四重、内部六階、二重櫓の上に望楼《ぼうろう》部を載せた望楼式で、最上階には廻縁《まわりえん》に高欄《こうらん》が廻る。こうした構造は慶長期の古い天守にみられるもので、明らかに一豊創建天守を意識して再建されたものであることがわかる。もちろん幕府に対する配慮から旧状に復したものではあるが、外様大名山内氏の藩祖一豊への追慕による復古であることもまちがいないだろう。

ところで高知城の天守には天守台が設けられず、本丸御殿から直接出入りする構造となっている。こうした構造も創建天守から引き継いだもののようである。

創建天守を描いた「正保城絵図《しょうほしろえず》」では天守南脇に付櫓状の単層櫓が描かれており、あるいは松江《まつえ》城天守のように複合型の天守であった可能性が高い。現存する天守には玄関もなく、ただ、一層目の南側と西側に塗籠《ぬりごめ》土戸が設けられているだけである。

本丸に天守台を設けない構造は、天守が最後の防御というものではなく、本丸全体を最終防衛点とする実戦的な構えであったことを物語っている。一方、北面は本丸の石垣塁線に配され、本丸防御の一翼を担っていた。

高知城天守遠望
「正保城絵図」に高知城は山城と記されている。大高坂山に構えられた天守は城下町から仰ぎ見られる象徴であった。

高知城天守塗籠土戸
じつは高知城天守には天守台が設けられていない。正保城絵図にもほぼ現在のところに天守が描かれており、一豊創建天守も同様の構造だったようである。したがって天守の出入口は本丸より直に出入りができた。

高知城天守忍返と石落
天守は北面のみが本丸の石垣塁線上に構えられており、ここを防御する目的で、石落と忍返（しのびがえし）と呼ばれる鉄串が構えられている。忍返は石落の外壁にまで廻らされている。

山麓よりの視覚を意識【丸亀城】

丸亀城は慶長二年（一五九七）に生駒親正によって築かれるが、元和元年（一六一五）の一国一城令《いっこくいちじょうれい》により一旦廃城となる。寛永十八年（一六四一）に山崎家治《やまざきいえはる》により再建され、天守は万治三年（一六六〇）に京極高知《たかとも》によって造営されたものである。

その特徴はなんといっても山麓よりの視覚を意識して築かれたことであろう。丸亀城は一二三《ひふみ》の段《だん》と呼ばれる三段に構築された石垣で著名であるが、その頂点に備えられているのがこの天守である。

より大きく見せるため、最上層の屋根の妻《つま》部分を正面に据えているのだが、妻側は最上層の長辺部分となっており、平入《ひらいり》部が短辺側となり、正面は大きく見えるのだが、側面は逆に非常に小さく見える。さらに正面性を意識して、正面の一階部分には下見《したみ》板《いた》を張り、石落を付け、一重屋根には唐破風《からはふ》も設けている。そして三階の窓は黒枠としてメリハリを付けている。

こうした正面に対して、城内側は天守台も低く、西面一階は出入口を設けるのみで窓も設けられていない。まさに山麓からの視覚を重視した天守であった。

平和な時代の天守【宇和島城】

宇和島城には慶長六年（一六〇一）に藤堂高虎によって創建された天守が存在していた。この天守は伊達《だて》氏が入城したころには老朽化していたようで、二代藩主宗利《むねとし》はこれを解体し、寛文四年（一六六四）に再建にとりかかっている。再建天守は翌五年に完成している。これが現存する天守である。

その特徴は天守入口に玄関を付け、天守台の周囲には犬走りを四周に回す、およそ実戦的でないところにある。玄関唐破風の鬼瓦《おにがわら》には九曜紋《くようもん》を、冠木《かぶき》には縦三ツ引両紋《たてみつひきりょうもん》を配するなど装飾も豊かである。正面から望んだ外観は玄関の唐破風、比翼千鳥破風《ひよくちどりはふ》、千鳥破風、軒唐破風《のきからはふ》と抜群の構成美を示している。平和な時代に創出された天守の代表例である。

丸亀城天守
丸亀城天守は山麓からの景観を非常に意識して築かれている。それをもっとも示しているのが天守最上層の屋根方向で、入母屋破風の妻側をわざと長辺側に置き、正面を大きく見せている。

丸亀城天守側面
天守には城内側に低い天守台が設けられ、西面は出入口が設けられているのみである。また、１階は南北面が下見板張となるが、東西面は白漆喰の総塗籠壁としている。

丸亀城石落
丸亀城天守は北面が本丸石垣塁線上に建つが、その東寄りに石落が設けられている。これは北面直下に本丸に至る虎口が構えられているのに対しての構えであり、もちろん軍事も意識して築かれていることを物語っている

丸亀城一二三段上の天守
見事に築かれた３段の石垣は、俗に一二三の段と呼ばれ、その頂点に天守は配置されている。屋根方向に加え、破風や黒い枠を設けた窓などに山麓からの視覚を非常に意識して築かれたものであることがわかる。

幕末に再建された復古式天守【松山城】

松山城には慶長七年（一六〇二）に加藤嘉明によって造営された五重天守があったが、その後入城した松平定行《まつだいらさだゆき》によって三重に改修されている。この天守は天明四年（一七八四）に落雷により焼失する。現存する天守はじつにその六十三年後の弘化四年（一八四七）より再建にとりかかり、嘉永五年（一八五二）に完成したものである。

幕末に再建されたものであるが、一・二階を下見板張とし、塗籠《ぬりごめ》格子《こうし》窓《まど》、突上《つきあげ》蔀《しとみ》戸《ど》とし、三階には高欄を廻らせるなど、古式の構造となっている。また、大天守に穴蔵《あなぐら》を有するのも古式であり、復古式として評価してよいだろう。なお、松山城の大天守は巨大な平面規模に対して、高さが三重という構造から外観が偏平に映る。これも松平定行が五重天守を三重に改造した際に生じた偏平さをそのまま引き継いだ結果といえよう。

宇和島城天守玄関

天守に向かって右側に唐破風造の玄関が構えられている。玄関正面は素木で、冠木上には伊達家の家紋である縦三ツ引両紋が施され、唐破風には同じく家紋の九曜紋鬼瓦が葺かれている。

宇和島城天守

藤堂高虎によって創建された天守が老朽化したことにより、再建されたものであるが、旧天守をまったく踏襲していない。玄関を構え、天守台いっぱいに建てられない構造は平和な時代に築かれた天守を象徴するものである。

松山城天守外観

嘉永５年（1852）に再建された、現在天守中ではもっとも新しい天守であるが、下見板張、塗籠格子窓、突上蔀戸といった古式な構造が採用されている。また、最上階には高欄が廻る。こうした点から慶長期天守の姿を復元した復古天守であったと考えられる。

松山城内側

松山城天守は、本丸の北端に一段高く大天守と小天守、隅櫓を渡櫓で結ぶ連立式天守である。この天守群を本壇と呼んだ。天守群に囲まれた部分は内庭と呼ばれ、天守台には穴蔵への出入口も構えられていた。

松山城石蔵

復古式の天守であるのは、天守台に穴蔵と呼ばれる地下室を設けられていることからもうかがえる。この穴蔵へは巨石を梁とする出入口が備えられている。

松山城天守壇

本丸北端に築かれた本壇は、大天守と小天守、隅櫓を渡櫓で結ぶ連立式天守と、さらにそれらの外側には天神櫓、一の門南櫓、二の門南櫓を備える天守曲輪を構成していた。

現存最古の天守、現存最大の天守、太平洋戦争による空襲で焼失！

焼失した天守

【岡山城・広島城・名古屋城】

天守④

加藤理文

太平洋戦争末期の昭和二十年（一九四五）、日本の主要都市はアメリカ軍による空襲を受け、至る所が燃え上がり、町は壊滅状態となった。主要都市に位置する城も被害を受け、福山《ふくやま》・広島《ひろしま》・岡山《おかやま》・和歌山《わかやま》・大垣《おおがき》・名古屋《なごや》・水戸《みと》の七城もの天守が焼失した。

五月十四日、名古屋市域にアメリカ軍機が侵入し空襲を開始。二波にわたる焼夷弾の無差別投下の一発が、金鯱《きんしゃち》を避難させるための足場にひっかかって発火し、天守が燃え上がった。天守は大爆発を起こし二時間にわたって燃え続け、姿を消した。

六月二十九日、岡山市への爆撃が開始された。岡山城は、米軍による攻撃対象地域に含まれていた。照明弾と焼夷弾が、雨のように降り注ぎ、市内はほぼ壊滅状態となってしまう。天守は、空爆による火災に飲み込まれ、翌朝市民が見上げると、跡形もなく消え失せていたと言う。

八月六日、原子爆弾が広島市に投下された。爆心地から約一キロメートル離れていたが、天守は跡形も無く崩れ落ち、城内の樹木は全滅し、堀一面の蓮の葉も焼け爛れてしまった。水を求めて炎から逃れた人々が、堀中で多数死亡したのは悲惨であった。

空襲被害とその対策

米軍は、日本本土空襲に際して、軍備を損ねるた

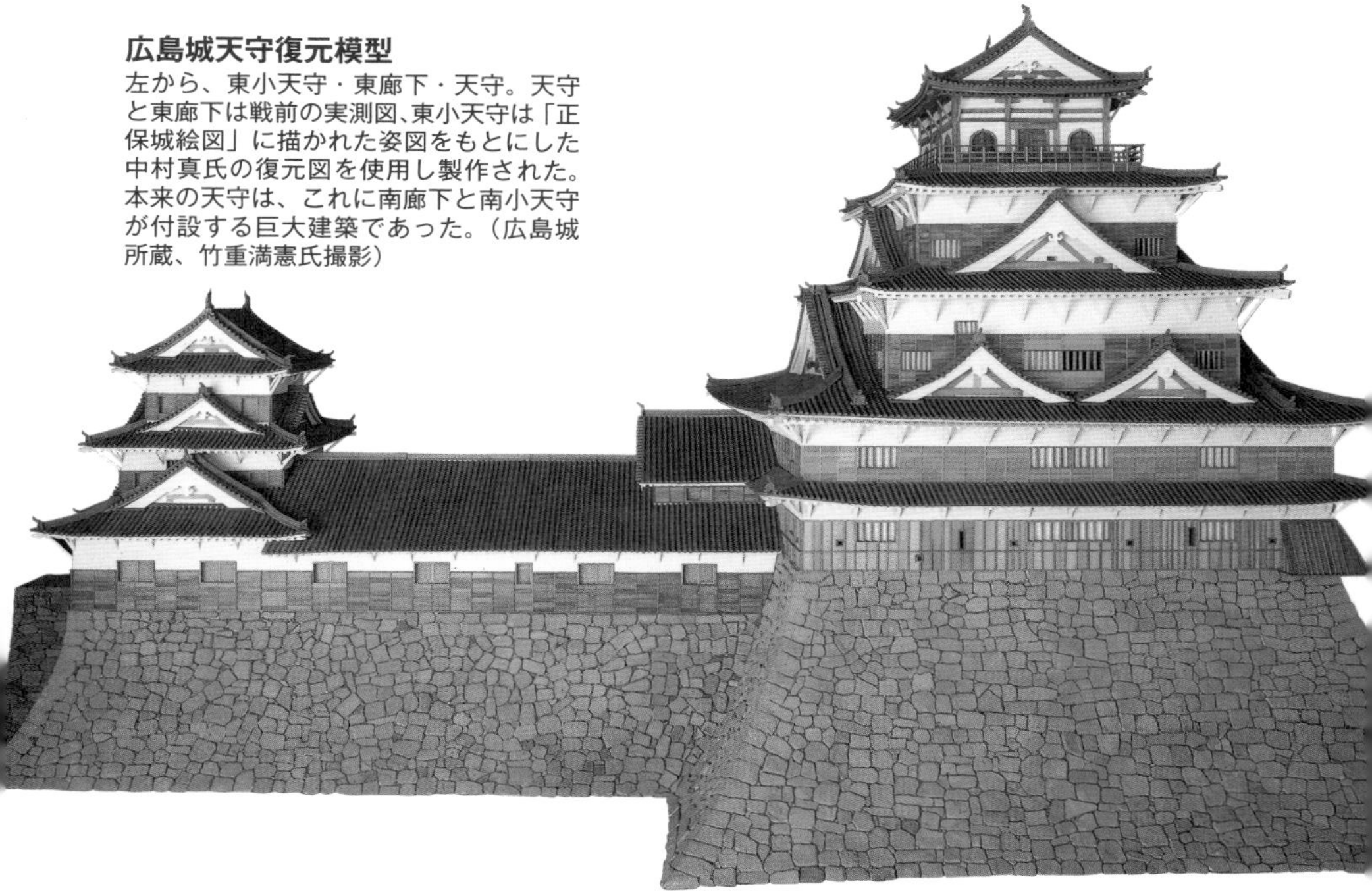

広島城天守復元模型
左から、東小天守・東廊下・天守。天守と東廊下は戦前の実測図、東小天守は「正保城絵図」に描かれた姿図をもとにした中村真氏の復元図を使用し製作された。本来の天守は、これに南廊下と南小天守が付設する巨大建築であった。（広島城所蔵、竹重満憲氏撮影）

めの軍事施設などを目標とした精密爆撃と、国民の戦意喪失を目論んだ無差別な都市爆撃の両面から攻撃を行った。木造建築の多い日本では「油脂弾」と「焼夷弾」による焼き討ち的攻撃が最も効果的であるため主流となった。

城は、ほとんどが都市空襲の餌食となった。直接、爆弾があたって爆発炎上した名古屋城天守のような城は少なく、大部分が都市火災の類焼による焼失だ。

貴重な文化財を爆撃から守るために、様々な努力も行われた。修理中であった姫路《ひめじ》城天守は、本土空襲に備え、藁縄《わらなわ》で編んだ網で覆われ隠された。福山城の鉄板は黒く塗られ、上空から見えにくくしたとか、松本《まつもと》城天守の白漆喰部分を黒く塗ったとか言われるが定かでない。いずれにしろ、空襲から城を守るための様々な工夫が凝らされたことも事実である。

空襲焼失ではないが、昭和期になって失われた天守や建物も多い。伊予松山《いよまつやま》城では、昭和八年と二十四年に、放火により小天守や隅櫓などを焼失。松前《まつまえ》城では、二十四年に飛び火で天守や門を焼失。同年、米軍の失火で大坂《おおさか》城紀州御殿が失われてしまった。

二基の小天守を従えた毛利氏一二〇万石の居城【広島城天守】

西国《さいごく》の雄・毛利《もうり》氏が全精力を傾注し築いた、二基の三重小天守を従えた五重天守は、関ヶ原の戦い以前に築かれた最大級の天守であった。高さこそ豊臣大坂城にわずかに及ばないが、渡櫓《わたりやぐら》（廊下）で、東と南に三重小天守を連結させた姿は、まさに「大坂城を凌ぐ」と言われる程の偉容を誇っていた。

このシンボルとなる天守建築こそが、織豊系城郭《しょくほうけいじょうかく》最大の特徴で、西国の覇者・毛利氏の存在を天下にアッピールすることとなったのである。岡山城同様に金箔瓦を使用した外見こそ華麗であったが、内部は天井も無く、太い丸太の梁《はり》がむき出しとなっており、これといった装飾もなかった。最上階を除けば、いずれも中央に身舎《もや》、周囲に入側《いりがわ》（武者走り）が廻る姿で、居住は考慮されていなかった。防備を主眼とした質実剛健な天守である。一見すると方形のように見えるが、天守台は東南隅がかなり突き出した不等辺四角形であった。それを、二重の入母屋造の上に、方形に近い三重の大型望楼部を載せることで修正している。

天守台は、両廊下や小天守台より一階分高く築かれていただけでなく、穴蔵《あなぐら》（地階）構造を採用しなかったため、天守へ直接入る入口は存在しない。東と南の廊下の内部に設けられた階段を利用して、まず廊下の二階へ上がり、そこから天守一階へと入る構造となっていた。

現存すれば、最古の天守となる【岡山城天守】

宇喜多秀家《うきたひでいえ》の手により、慶長二年（一五九七）に天守が完成したというのが定説になっているが、それより古いとの見方もある。いずれにしろ、現存最古と言われる犬山《いぬやま》城天守の一・二階部分は、慶長六年（一六〇一）築造がほぼ確実な状況で、岡山城天守はそれより四年も前に完成していたことになる。

関ヶ原の戦い以前においては、特別な大大名だけが五重天守造営を許されたようで、豊臣《とよとみ》一族以外で五重天守を擁していたのは、五大老の毛利輝元《てるもと》と宇

倒壊前の広島城天守東面
天守下方に、復元されなかった東廊下が見える。往時は、東小天守が接続する姿であった。最上階は本来華頭窓であるが、仮設の板戸で隠れて見えない。明治初期に２基の小天守が取り壊され、同時に南廊下は天守寄りの端部だけを残し破却、東廊下は天守寄りの約半分が破却された。（広島市公文書館所蔵）

外観復元された広島城天守
昭和 33 年（1958）、博覧会の展示物として鉄筋コンクリートで外観のみ復元された。南廊下の一部を入口とするため復元し、本来塗籠であった壁は、天守に合わせ下見板張とされ、２階には格子窓が新設された。

原子爆弾で倒壊した広島城天守
爆心地からわずか 1㎞であったため、焼け爛れたというより、爆風により一気に崩壊し、残骸のみとなってしまった感がある。（広島平和記念資料館提供、米軍撮影）

広島城天守最上階内部
方三間（ほうさんげん）の一室であった。四隅に華頭窓を配し、廻縁への出入口が板戸であったことが判明する。左方の筋違いは後世に付設されたものである。（広島市公文書館所蔵）

喜多秀家だけであった。両天守は、大坂城や聚楽第《じゅらくてい》同様の金箔瓦《きんぱくがわら》の使用も許されており、その規模も含め、我が国の天守建築の歴史を知るうえで、極めて貴重な天守であった。大坂城と同じ仕様であり、さらに織田信長の安土城《あづち》を模したとも言われ、焼失による損失は、学問的にも美術的にもはかりしれない。

天守は、二重の大入母屋造《おおいりもやづくり》の建物を二つ重ね、その上に二重の望楼部《ぼうろう》を載せた特異な構造であった。内部も、外観の複雑さを反映する。江戸時代の天守は、各階共に四角形平面となるのが通常であった。しかし、岡山城天守は、六階建ての各階の平面が全て異なっていたのである。これは、天守台が不等辺五角形を呈していたことが最大の要因で、その歪みを上階で徐々に四角形に修正しようとしたため起こったと考えられる。

安土城が不等辺八角形であったことはよく知られているが、初期天守は石垣構築技術が未成熟であったこともあり、完全な四角形を築き上げることは極めて難しかった。関ヶ原の戦い以前の天守のほとんどが、このように極めて特徴的な構造をしていたことを伝える貴重な天守である。

外見は、まったく異なる岡山城と広島城の天守であるが、共に下見板張の漆黒の外観であり、天守台は不等辺形、しかも入口は附属施設の二階に設けられていたのである。

徳川幕府の威信をかけて築かれた我が国最大級の【名古屋城天守】

岡山城天守完成から十五年を経た慶長十七年（一六一二）に完成。その高さは、石垣上の本体のみ三六・一メートル（石垣を含めた総高五五・六メートル）。高さこそ、後に建てられた江戸城《えど》、大坂城天守に抜かれることになるが、延床面積で名古屋城天守を凌駕する天守は、遂に築かれなかった。その総床面積は四四二四・五平方メートル（約一三三九坪）で、内部に一七五九畳（一〇三二畳の記録もある）の畳が敷かれていたと言う。しかも畳は一間七尺（約二・一二メートル）を使用していた。

天守は、一階から上階にかけて規則的に逓減《ていげん》する新式の層塔型《そうとうがた》を採用。外観意匠は、平側二重目に比《ひ》

焼失前の岡山城天守北面
古写真等が残る城の中では、最古の天守である。天守は、手前の一段低い塩蔵と一体になっていた。天守入口は塩蔵の２階に設けられ、土戸の開戸であった。旧地形を最大限に利用したため、天守台が四角形ではなく不等辺五角形となった。（岡山市立中央図書館所蔵）

外観復元された岡山城天守
戦前の実測図等を参考に、昭和41年（1966）鉄筋コンクリートにより外観復元された。本来無かった天守へ直接入る入口が設けられている。屋根は、近年発掘成果を基に金箔瓦に葺き替えられ、往時の華やかさが甦った。

岡山城天守３階内部
天守は、非常に複雑で２重の大入母屋基部を２つ重ねた上に２重の望楼部を載せた形であった。写真は、基礎となる大入母屋屋根の屋根裏階で、85畳敷の広さを持ち、採光目的の出窓や非常口などがあった。（「岡山県史蹟名勝天然記念物調査報告」第９巻〈昭和７年〉）

岡山城天守塩蔵南立面図
天守の実測図（立面図・平面図）は、当時早稲田大学学生であった仁科章夫氏が、平沢卿勇、中山克己、関屋正知の三氏の協力を得て昭和２年（1927）に実測したものが唯一残るのみである。

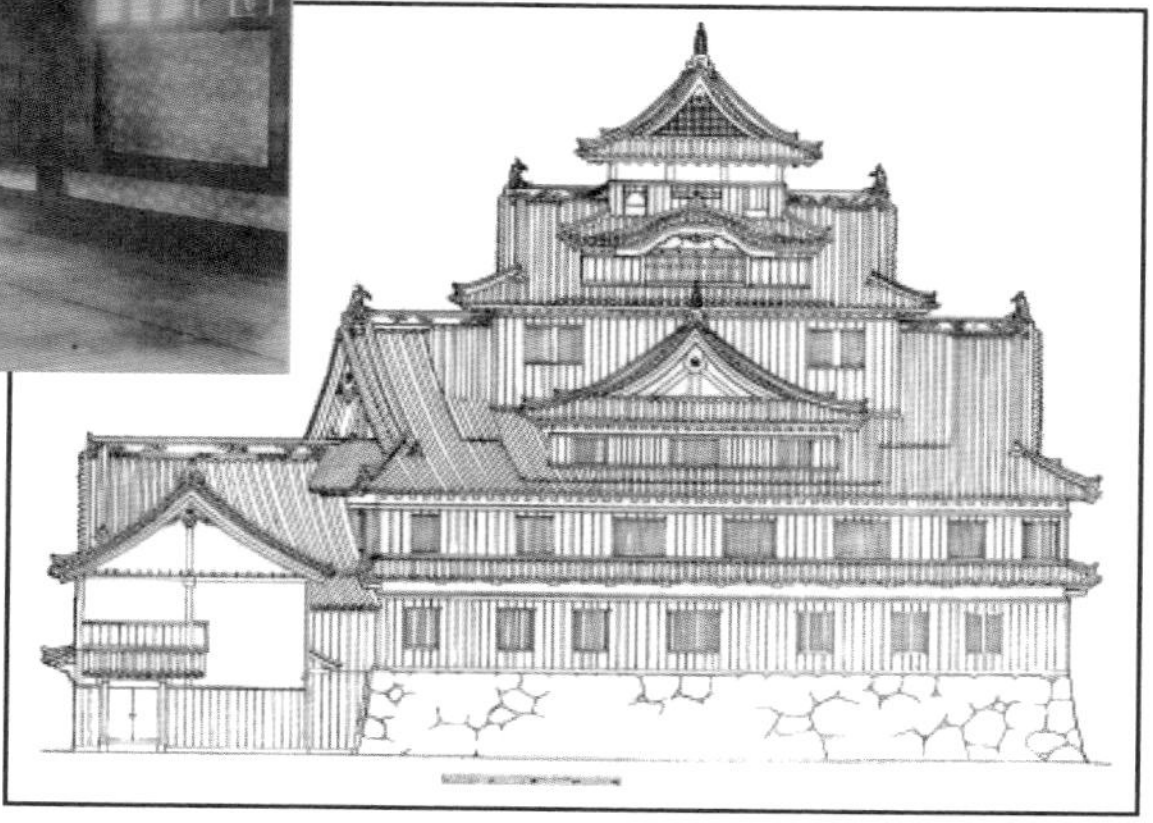

翼千鳥破風《よくちどりはふ》、三重目に千鳥破風、その上に四重目に軒唐破風《のきからはふ》を、妻側は二重目中央に千鳥破風その左右に軒唐破風、三重目に比翼千鳥破風、四重目に千鳥破風と、その数は、最上階の入母屋破風を含めれば実に二二となって、これまた史上最多となっていた。屋根は、当初五重目のみ銅瓦《どうがわら》で、各重の破風は木連《きつれ》（孤《きつね》）格子《ごうし》で黒漆が塗られていた。完成時の屋根は赤がね色に輝き、黄金の鯱と相まってこの世のものとも思えぬ異彩を放っていたことになる。

外見で、岡山、広島両天守と決定的に異なっていたのが壁の仕上げ方法である。名古屋城天守は、白《しろ》漆喰《しっくい》総塗籠《ぬりごめ》の白亜の姿で、両天守の漆黒の外観の対極にあった。小天守とは橋台によって結ばれる連結式天守で、小天守の地階から入り、橋台を渡って天守地階へと入る構造となる。

内部は、各階共に中央に身舎を設け、その四周に入側廊が廻らされていた。通柱は少なく、各階で対応している。また、材木は無節《むぶし》の檜《ひのき》材が用いられており、天守建築史上最高級と評価されよう。まさに、幕府の威信をかけた巨大天守であった。

焼失前の名古屋城天守東北面

宝暦２年（1752）の大修理によって、２重目以上が総銅瓦葺となり、破風内も銅板で包まれた。５重５階、地下１階で、江戸城、大坂城天守が焼失したため、江戸期を通じて最大・最高の天守として君臨した。その容積は、姫路城天守の２倍を超える規模である。（名古屋城総合事務所所蔵）

外観復元された名古屋城天守

昭和 34 年(1959)、戦災からの復興を PR すると共に「名古屋のシンボルを取り戻したい」との市民の思いが再建募金となり、それを基に鉄筋コンクリートで外観復元された。現在、木造復元の論議が沸き起こっている。

名古屋城天守 1 階の西側入側(武者走り)

天守 1 階は、平側 17 間(1 間は 7 尺=約 2.12 m、約 36 m)×妻側 15 間(約 32 m)と巨大であった。内部入側は幅 2 間の廊下で、天井には並外れた太さの柱と梁が並び、圧巻であった。(名古屋城総合事務所所蔵)

消失後の名古屋城天守台東南面

本丸内より望んだ天守台。右端下が小天守、上は橋台、奥が天守台となる。爆発炎上したにもかかわらず、天守台はほとんど無傷であった。石垣上に銅製の樋の一部が残っているのがわかる。(名古屋城総合事務所所蔵)

いまはなき幻の天守の数々。古写真が伝えるそれら往時の雄姿とは

廃城・解体された天守

【萩城・津山城・高松城・米子城】

天守⑤ ……… 中井 均

明治維新時には、全国に約五十もの天守が存在していた。その数年後には廃城令《はいじょうれい》のもと多くの天守が解体された。ところで幕末には日本に写真が導入され、解体された天守の雄姿が写されている。ここではそうした写真に残された天守を紹介したい。

萩《はぎ》城天守は五重五階の望楼型天守で、初層が石垣より半間ほど張り出す石落《いしおとし》となっていた。明治初年に写された姿は、安定感のあるじつに美しい天守である。

津山《つやま》城天守は五重五階地下一階の層塔型天守で、屋根には破風《はふ》をいっさい持たない。また、付櫓《つけやぐら》などの付属施設を設けない独立式天守で、一二三段《ひふみだん》の石垣の中心にそびえる姿は壮大である。

高松《たかまつ》城天守は三重五階で、初層と最上層が張り出し、俗に南蛮造《なんばんづくり》と呼ばれている。写真はその特異な姿を捉えている。最上階が張り出すことにより下層との間に屋根が必要なくなり、実質五重天守となったわけである。

米子《よなご》城には四重四階の天守と四重五階の天守が並立していた。解体された天守は風呂屋の薪になってしまった。

古写真に残された天守

明治維新の段階で日本には約五十もの天守が残さ

萩城天守
初層を石垣より張り出させた安定感のある姿は、数ある天守のなかでももっとも美しい。１重目に腰屋根を巡らせた２重目の大屋根が入母屋造となり、その上に外部３重内部３階の櫓を載せる望楼型天守で、北面に付櫓を付す複合型天守である。<古写真加工着色＝前田利久氏>

れていた。さらにそれらは維新で取り壊されたのではなく、明治六年（一八七三）の「全国城郭存廃《ぜんこくじょうかくそんぱい》ノ《の》処分《しょぶん》並《ならびに》兵営《へいえい》地《ち》等《とう》撰定方《せんていかた》」、いわゆる廃城令によって存廃が決まり、そこで取り壊されたのである。さらに高松城などのようにその後も残されていたが、老朽化によって取り壊されたものすらある。こうした天守は幕末に日本に持ち込まれた写真機によって撮影され、その雄姿をいまに伝えている。

太平洋戦争の空襲で焼失した天守は、日本の復興とともに再建されたものが多いが、明治初年に取り壊された天守は、写真が残されているにもかかわらず再建されたものは少なく、大洲《おおず》城天守くらいではないだろうか。

一方、写真に残された天守には萩城、津山城、高松城、米子城、柳川《やながわ》城、尼崎《あまがさき》城などがある。

安定感のある美しい天守【萩城】

なかでも鮮明に写された天守が萩城天守であろう。萩城は関ヶ原合戦で減封となった毛利輝元《もうりてるもと》が新たな居城として慶長六年（一六〇一）より築城工事を始めた城で、指月《しづき》山の山頂に構えられた詰丸《つめのまる》と、山麓の本丸、二の丸、三の丸からなる。

　天守は山麓の本丸南西隅に突出して造営された。望楼《ぼうろう》型天守で、最上階に高欄《こうらん》が巡る。初重は石垣より半間突出しており、板戸を外すと四面が石落となっていた。内部は三階に上段の間が設けられ、ここで藩主登渉式《とうしょうしき》が行われた。これは初めて国入りした藩主が天守のなかで家臣たちと主従の契りを結ぶものである。ちなみに萩藩では藩主が天守に登るのはこの儀式のとき一回だけである。じつは江戸時代のほとんどの天守で使われ方を記した史料が残されていない。そのなかにあって萩城の天守登渉式は貴重な史料である。

　維新直前の萩城は政治局を山口に移す。このため萩の存続価値は薄れ、廃城令の翌年に天守は取り壊されてしまう。千十三円五十銭での落札であった。その直前に萩の写真家小野為八などによって撮影された写真が残されている。

　さて、現存する天守台は慶長期の打込《うちこみ》ハギの石垣で、俗に扇《おうぎ》の勾配《こうばい》と呼ばれる曲線を描く勾配となっている。上面には礎石も残されている。

櫓群の頂上にそびえる壮大な姿【津山城】

津山城は石垣を一二三段に築いた巨大な山城である。明治の廃城令によって建物はすべて取り壊されてしまい、いまは石垣しか残されていないが、それでも存城当時の壮大さが伝わってくる。

この津山城の解体以前の写真が十八枚伝えられている。これは津山藩の家老であった松平国忠によって明治五～六年に撮影されたもので、林立する七十七棟にものぼる櫓群、その頂点にそびえる天守の姿は圧巻である。

天守は本丸の西端に石塁で遮断され、天守曲輪を形成する一画に独立式として天守台が築かれている。初重は一一間×一〇間の規模で、五重五階地下一階の層塔《そうとう》型天守で、外観は総塗籠《そうぬりごめ》の白漆喰壁《しろしっくいかべ》となる。屋根には破風《はふ》をまったく設けず、四重目の屋根は板《いた》葺《ぶき》屋根となる。これは一説に、五重天守を幕府に目

萩城天守

萩城は慶長９年（1604）より築城工事が始められ、同13年に完成している。天守の造営もこのころと考えられる。外壁は総塗籠の漆喰壁で、最上階は柱と長押を見せる真壁造となっている。（山口県文書館所蔵）

萩城天守台

萩城は指月山の山頂に構えられた詰丸と、山麓に構えられた本丸、二の丸、三の丸からなる。天守台は本丸南西端部に突出して構えられた。俗に扇の勾配と呼ばれる弧を描く石垣も実に美しい。

萩城天守

二の丸南門枡形からは、わずかに天守の上層が望めるに過ぎない。明治７年（1874）に、1013円50銭で落札され、解体されてしまった。（山口県文書館所蔵）

をつけられないよう、四重に偽装するためと伝えられているが真偽のほどはわからない。

なお、最上階は廻縁《まわりえん》となり、漆喰壁とならず、白木のままとしている。その造営年次を記した史料は残されておらず明確にはわからないが、慶長末年には完成していたものと考えられる。

明治の廃城令により廃城が決定し、天守は明治七年（一八七四）から取り壊されたと見られる。現在天守台が残り、穴蔵構造がよくわかる。

判明した特異な外観【高松城】

高松城天守も天守台から半間外側に突出して築かれている。三重四階地下一階の層塔型天守で、初重の平面規模は東西一三間二尺×南北一二間二尺、二重目一〇間×九間、三重目七間×六間、四重目八間×七間となり、高さは一三間半あった。一重目と二重目に比翼入母屋《ひよくいりもや》と唐破風《からはふ》を備え、四重目には華燈《かとう》窓《まど》を設ける。なんといっても最大の特徴は四重目が三重目より大きいことである。こうした形状の天守を南蛮造《なんばんづくり》と呼んでいる。生駒《いこま》氏による創建当時は下《した》見板張《みいたばり》であったが、寛文十一年（一六七一）に外観は総塗籠の白漆喰壁に改修された。

明治維新後の廃城令にも天守は残されたが、明治十七年（一八八四）に老朽化のため解体されてしまった。大正九年（一九二〇）には天守台に松平家初代の頼重を祀る玉藻廟が創設された。

さて、この天守については古くより古写真が一枚伝えられていたが、きわめて不鮮明であった。ところが二〇〇五年にイギリスのケンブリッジ大学で極めて鮮明な写真が発見され、その特異な外観が改めて判明した。

天守台の石垣は平成十八年（二〇〇六）より解体修理が実施され、現在、地階の礎石が見学できるようになっている。

二つの天守がならび立つ【米子城】

米子城には二棟の天守が造営された。明治初年に撮影された写真には大天守である、中村一氏《なかむらかずうじ》によっ

津山城天守
津山城天守は５重５階地下１階で、層塔型の独立式天守である。屋根には破風をいっさい持たず、４重目の屋根は板葺となり、最上階には廻縁が設けられていた。（津山市提供）

津山城天守台
本丸の西端部を堤状の石塁によって区画し、天守曲輪を形作っている。その中央に穴蔵を持つ天守台が独立して構えられている。天守初重は正面11間、側面10間という巨大なものであった。

津山城天守
一二三段の中央にそびえる天守はまさにシンボルであったが、明治７～８年に取り壊されてしまった。（津山市提供）

て造営された四重五階の天守が写されている。この天守は望楼型で、初重、二重は一〇間×八間で、初重に付庇《つけびさし》をつけ、二重三重と大入母屋《おおいりもや》を繰り返し交互に重ねる、いわゆる八棟造《はちむねづくり》であった。

外観は下見板張で、四重と五重の間に屋根を持たず、袴腰状の板壁で覆われている特異なものであった。廃城令後も残されていたが、明治十三年（一八八〇）ごろに三十円で古物商に売却され、風呂屋の薪《まき》となってしまった。

現在残された天守台の石垣は基礎に二段の石垣を築き、その上に築かれたもので、上面には礎石も残されている。

なお、小天守は吉川広家によって築かれた天守と伝えられているが、中村一氏による大天守と小天守という連立天守の可能性もある。

ところで、こうした明治初年まで残存していた天守は、不思議なことに大洲城天守以外復元が行われていない。天守のなかった城や空襲で焼失した天守が復元されているのとは対照的である。

高松城天守
最近、ケンブリッジ大学で発見された高松城天守の古写真。天守最上階が下の階より張り出した南蛮造という特異な姿をよく捉えている。（ケンブリッジ大学所蔵）

高松城天守台
高松城の天守台は本丸東側に突出して築かれている。本丸の周囲には海水を入れた内堀が巡り、二の丸との間は鞘橋が唯一通じていた。天守台の石垣は最近解体修理が施された。

高松城天守

南東から望んだ天守。維新後もただちに解体されなかったが、明治17年に解体されてしまい、天守台は松平氏初代藩主頼重を祀る玉藻廟が建てられていた。（高松松平家歴史資料〔公益財団法人松平公益会所蔵〕／香川県立ミュージアム提供）

米子城天守

米子城には２つの天守があった。ひとつは慶長元年（1596）ごろに吉川広家によって造営されたもので、いまひとつは同６年（1601）ごろに中村一氏によって造営されたものである。中村天守は４重５階の望楼型天守で、望楼部は袴腰状の板壁で覆われる特異な外観を呈していた。古写真ではその姿が見事に写されている。（冨田公夫氏提供）

米子城天守台

米子城の本丸は中心部を１段高く石垣を巡らせ、天守曲輪を構えていた。大天守は２段に築いた石垣の上にセットバックして天守台の石垣を築いている。

米子城天守絵図

弘化２年（1845）の石垣修理のための申請書に描かれた米子城天守絵図。上の古写真とは異なった側面を描いており、両者によって米子城天守の全貌がわかる。（鳥取県立博物館所蔵資料）

実質的な天守でありながら、幕府へ配慮し、天守の呼称が避けられた

天守代用御三階

【水戸城・丸亀城・松前城ほか】

櫓①

加藤理文

豊臣氏《とよとみ》滅亡後、江戸幕府は一国一城令《いっこくいちじょうれい》を発布し、城郭の新規築城および修理に対し厳しい規制を布いた。幕府による城郭統制が厳しさを増すと、シンボルとなる天守建築は敬遠され、三重櫓《さんじゅうやぐら》などを建てて天守代用《てんしゅだいよう》とするケースが増加した。また、災害などで天守が失われてしまうと再建されることなく、三重櫓をそのまま代用としたり、意匠を変えて対応したりすることもあった。こうした三重櫓は「御三階《ごさんかい》」と総称されている。

水戸《みと》城御三階は、内部が五階、金沢《かなざわ》城御三階の内部は四階建と、御三階と称しながら、現実の内部は四階以上のものも存在する。当初から実質上の天守として建てながら、松前《まつまえ》城や白河小峰《しらかわこみね》城では、幕府に配慮し三重櫓と呼んだ。白石《しろいし》城は、公式にも大櫓《おおやぐら》と称していた。このように「御三階」の定義は極めて複雑である。

天守を築かず代用とした城は多く、東北諸藩から九州まで全国に広がり、譜代《ふだい》・外様《とざま》、石高《こくだか》による共通項を見出すことはできない。関東地方の譜代大名の城では、むしろ御三階が一般的であった。また、本丸に建てられたものだけではなく、二の丸に建て

御三家水戸藩の巨大な御三階
御三家でありながら天守を持たなかった水戸藩は、「此櫓は殿守の心なるにや」とされた天守代用櫓を二の丸に築きあげた。天守台が存在しないにもかかわらず高さ約22ｍと、正規の天守をも凌駕する規模を持つ建築で、城の象徴的存在であった。（中井均氏提供）

られることも多かった。天守に代わる象徴的存在である以上、その位置はどこでもよかったのである。

非公式の天守

天守と非公式の天守は、どのように区別すべきであろうか。四重以上の櫓はすべて天守ということになるが、三重櫓は天守とも御三階とも呼ばれている。両者の区別は、城主の石高でもなければ、外観意匠に破風《はふ》や廻縁《まわりえん》が配されているかとか、内部の階数や規模ではなかった。単に幕府へ報告した書類にどう書かれていたかという極めて単純な基準であった。

江戸幕府は、元和元年（一六一五）に武家諸法度を発布して、諸大名に新規築城および城の増改築を禁止した。したがって、この法例以前に存在し「天守」と呼ばれていた櫓は、規模は無関係に公式天守となり、以後に創建された三重櫓はいずれも非公式天守ということで、「御三階」すなわち天守代用櫓ということになる。ただ、高松城のように武家諸法度の特例として幕府から天守建造が認められた場合は、三重櫓でも公式天守ということになる。

現存する非公式天守

現存する最小の天守は、備中松山《びっちゅうまつやま》城天守で二重二階、次いで丸岡《まるおか》城天守が二重三階、伊予松山《いよまつやま》・宇和《うわ》島《じま》・彦根《ひこね》各城天守が三重三階で、いずれの天守も御三階と同等もしくはそれ以下の規模でしかない。だが、武家諸法度の発布以前から天守として存在していたため、公式な天守として幕末まで認められていたる。伊予松山城や宇和島城天守は、それ以後であるが天守の再建、あるいは建て替えとして幕府公認の建物であるため、公式天守ということになる。

弘前《ひろさき》城と丸亀《まるがめ》城は、現在天守と総称されるが、武家諸法度発布後の建築であり、幕府からは公式の天守として認められていなかったため御三階ということになる。両藩ともに、幕府への配慮から建築に際し「御三階」として届け出を出したためである。

最古の御三階櫓

記録に見られる最古の御三階の事例は、落雷により天守が焼失したため、慶長八年（一六〇三）天守台上に建てられた金沢《かなざわ》城「三階御櫓《さんかいおやぐら》」である。前田利家《まえだとしいえ》が創築し「大坂・駿河《するが》に引き続く名城」といわれ、同規模の天守復元も可能だったはずである。江戸城や名古屋城、駿府城天守も、これ以後建てられており、なんら問題はなかった。それにもかかわらず、天守造営を控えたのは、二代利長《としなが》が謀叛の嫌疑をかけられた際に、江戸に下向した母・芳春《ほうしゅん》院《いん》がそのままであったためであろうか。いたずらに幕府を刺激することを避けるためと思われる。

完成した三階御櫓は、三つの入母屋《いりもや》屋根が交互に直行する三重四階の望楼《ぼうろう》型の建物で、初重が五間四方、高さ約二一メートル程と伊予松山城天守と同程度であった。特徴的なのは、初重が内部二階で、上下二列に窓があること、壁面の下方四分の三が海鼠《なまこ》壁《かべ》となること、最上階に廻縁《まわりえん》と高欄《こうらん》が廻ること、二重目、三重目に唐破風付出窓が配されることである。

また、建物の四隅の四本柱を黒い鉄板張とし、屋根は白銀の鉛瓦《なまりがわら》を採用、三重櫓でありながら華麗な装飾を施し、贅を尽くした建物であった。この御三階に用いられた意匠が、金沢城の統一デザインとし

現存する丸亀城御三階
現存12天守として数えられるが、正式には御三階櫓である。3重3階で高さ約15mと極めて小規模であるが、大手側に唐破風と出窓（下部に石落）を配し、初重を下見板張とするなど意匠に工夫を凝らし、天守の格式を持たせようとした。

外観復元された松前城の御三階
安政元年（1854）、幕府より築城を命じられ、念願の城持ち大名となった松前氏は、大砲の普及により建築が退けられていた天守代用の三重櫓（高さ約16.5m）を城の中央に築きあげた。大砲の的になるだけであったが、天守（代用櫓を含む）を築くことこそが「城持ち大名」の特権であったことを伝えている。

「大櫓」と呼ばれた白石城御三階
仙台城の支城・白石城に、平成7年（1995）「白石城本丸屋形図」や古記録をもとに御三階を復元。3重3階で高さ16.7m（石垣天端より）の規模を持つ。支城ということで、大櫓と呼称していたが、位置・規模・意匠いずれも天守と遜色のない、天守代用櫓であった。

て幕末まで連綿と受け継がれることになる。岡《おか》城、加納《かのう》城、鳥取《とっとり》城など、金沢城以前にも三重櫓は存在したが、これらは改造、再建後に御三階と総称されるようになっただけで、当初から御三階と呼ばれる天守代用櫓であったわけではない。

二の丸に建てられた巨大な御三階

徳川御三家水戸藩が築いた御三階は、その高さ約二二メートルと、現存する高知《こうち》城、伊予松山城天守をも凌駕し、さらに五重天守の萩《はぎ》城天守より一メートル高い規模を誇っていた。

この御三階は、本丸に建てられず二の丸の南寄りに位置していた。櫓台となる石垣もない三重五階の建築で、明和四年(一七六七)ごろに徳川宗翰《とくがわむねもと》によって再建されている。初重部分が極めて高く、内部は三階となるため、二重目が四階、三重目が五階ということになる。雨よけのために一重目外壁下部を海鼠壁とし、土蔵の手法を用いることで強固な仕組みとし、天守台を持たない構造をカバーしていた。

外観に破風《はふ》は採用されず無破風であったが、屋根は銅瓦《どうがわら》が葺《ふ》かれていた。『水戸温故録草稿《みとおんころくそうこう》』には「此櫓は殿守の心なるにや」と記され、天守として意識された天守代用櫓であったことが判明する。明治維新の廃城令でも取り壊されることなく現存していたが、昭和二十年(一九四五)、米軍の空襲により惜しくも焼失してしまった。

関東地方における譜代の御三階

関東地方は、幕府の膝元だけあって、譜代大名といえども天守建築をはばかった。諸大名は、幕府の不興をかわないため天守としてではなく御三階櫓として認可を得たのである。

佐倉《さくら》城、古河《こが》城、高崎《たかさき》城、関宿《せきやど》城、忍《おし》城などには天守代用の御三階が存在したが、川越《かわごえ》城では富士見櫓《やぐら》が、岩槻《いわつき》城では二重の瓦櫓《かわらやぐら》が天守代用櫓であった。幕府が高層かつ華美な天守を築くことを嫌ったがための方便として御三階と称したが、三重天守を遥かにしのぐ規模の代用櫓もあった。

土井利勝《どいとしかつ》の築いた佐倉城御三階は、無破風の層塔型三重四階(初重地階の一部穴蔵を含めれば五階)

巨大な古河城御三階
本丸北西隅に建てられた御三階は３重４階で、塁線が土造りであったため角地から控えて建てられた。塁線角地には土塀が廻り、遠くからは初重の屋根のようにも見え、四重天守の趣であった。佐倉城御三階と同規模で、高さは20ｍを越える巨大な建築であった。（古河歴史博物館写真提供、明治３年　武藤松庵氏撮影）

天守になった盛岡城御三階
延宝元年（1673）本丸南東隅に幕府に対する配慮から、天守ではなく三重櫓として建てられた。３階に格式高い華頭窓を並べ、最上階屋根は向唐破風で飾られるなど、意匠は天守に準じていた。当初赤瓦で葺かれていたが、幕末に至り高級な柿葺（あるいは銅板葺）に改め天守と公称するようになった。（清養院所蔵）

シンボルとしての米沢城御三階
名門・上杉家であっても幕府に対する遠慮と減封による財政難から天守はもとより石垣も築いていない。わずかに本丸北東隅と北西隅に御三階櫓をあげることが精いっぱいであった。城下および主要街道から望める北東隅櫓が天守代用櫓であった。（市立米沢図書館所蔵）

復元された新発田城御三階
延宝７年（1679）建立の城内最大の櫓で天守の代用であった。初重に採用された切妻出窓は、幕府の櫓に用いられることが多い。海鼠壁は、金沢城にも見られ、寒冷地仕様とも呼べる。南北と東へ棟を伸ばすＴ字型の屋根が、御三階櫓最大の特徴で最上階に３匹の鯱が載る全国唯一の事例である。平成16年（2004）木造復元。

の櫓で、七間×八間の初重床部を半分崖上の土塁に差しかけた珍しい造りであった。初重四分の三程が下見板張《したみいたばり》となる。同じく土井利勝が築いた古河城御三階は明治期まで現存し、古写真も残る。佐倉城とほぼ同様の構造で角地から控えて建てられ、そこにL字の土塀を廻らしたため、遠くからは四重櫓にも見えたはずである。ともに、高さ約二二メートルと水戸城御三階に匹敵する巨大櫓であった。

高崎城御三階は、城内唯一の三重櫓で、高さ約七〜一〇メートル程の土塁上にあり、総高約一三メートルと小規模であった。だが外観は、千鳥破風《ちどりはふ》を八ヶ所にも設け、各階の格子窓《こうしまど》上方に長押《なげし》型を配すだけでなく、最上階妻側に華頭窓を連続して並べるなど、意匠は天守そのものである。

外様の上杉《うえすぎ》家米沢《よねざわ》城では、城下及び主要街道から望める北東隅櫓がシンボルとして天守代用の役割を果たしていた。下見板張の外観で、平側初重の東西、二重目中央に切妻出窓が配され、三階中央部に出格子窓を配し、格式を持たせていた。どの城も、代用櫓をいかに天守らしく見せるかを求めたのである。

二の丸に建てられた鳥取城御三階

元禄5年（1692）、山上の丸の天守が焼失すると、二の丸南西隅に位置する3重3階の御三階が天守代用の櫓となった。下見板張、無破風の外観で、高さは約18ｍ（15ｍともいわれる）であった。享保5年（1720）の石黒火事で焼失するが、8年後に再建された。（鳥取市教育委員会所蔵）

金沢城御三階櫓図

天保15年（1844）加賀藩御大工の渡部知重によって描かれた『加州金沢御城来因略記』の御三階櫓図。入母屋造の大型建物の上に2階建の望楼が載る形式であった。（石川県立図書館所蔵）

佐倉城御三階櫓の現状
文化10年(1813)焼失後再建されることはなかった。現在、櫓台が整備されている。
後方の一段高い場所が土塁、前面の低い場所1階と地階が張り出していた。

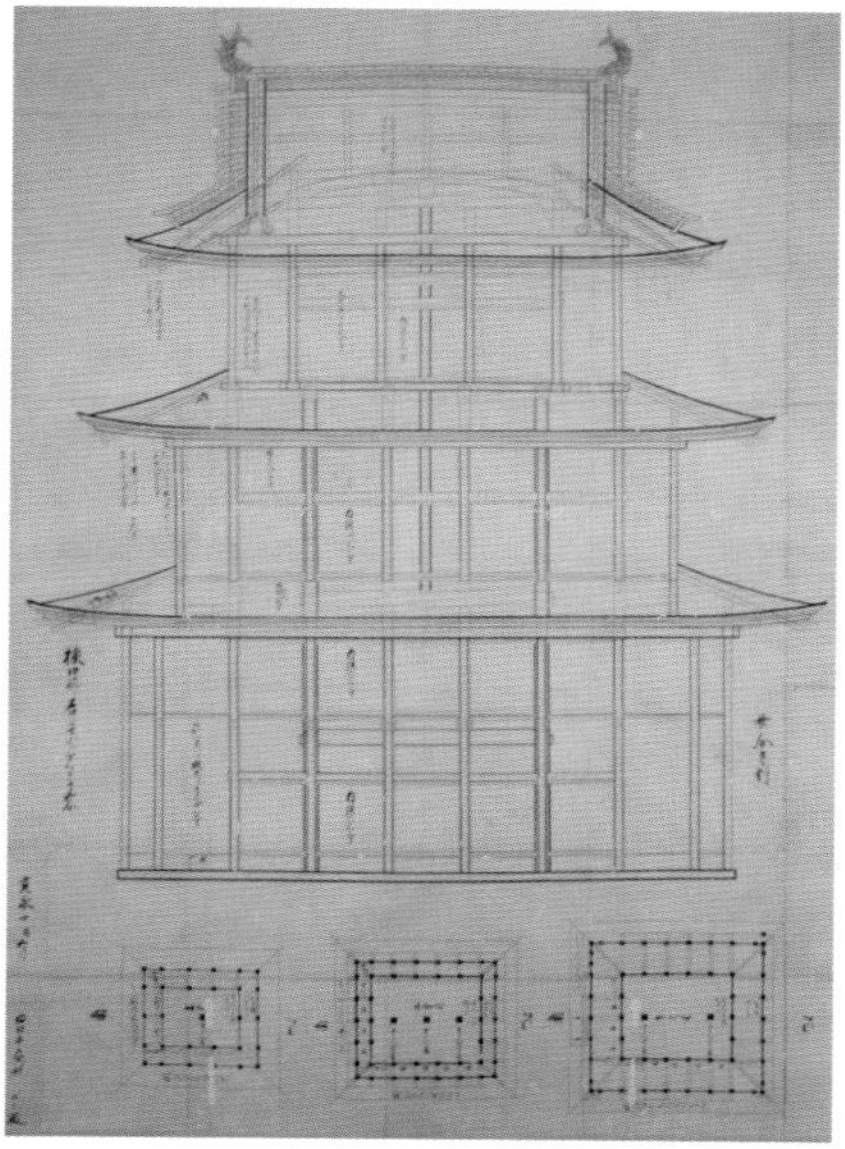

古河城御三階図面
寛永十（1633年）酉五月と書かれ、幕府に提出した建築伺いの添付図と考えられ、現存図面はその控えあるいは写しと思われる。大老の土井利勝は、転封にあたり、前任地の佐倉城と同様の御三階を築造するため本図を描かせたとの伝承が残る。(古河歴史博物館所蔵)

高崎城御三階櫓立図面
（天保４年（1833）作成）
御三階櫓は、本丸の北西角の乾櫓と、刎橋門の間の高さ７～10ｍ程の土塁上にあり、城内唯一の三重櫓であった。安藤重信が、元和６年（1620）ごろに造営したと考えられており、小規模にも関わらず千鳥破風を８ヶ所に設け、天守の格式を持たせようとしていた。(高崎市教育委員会所蔵)

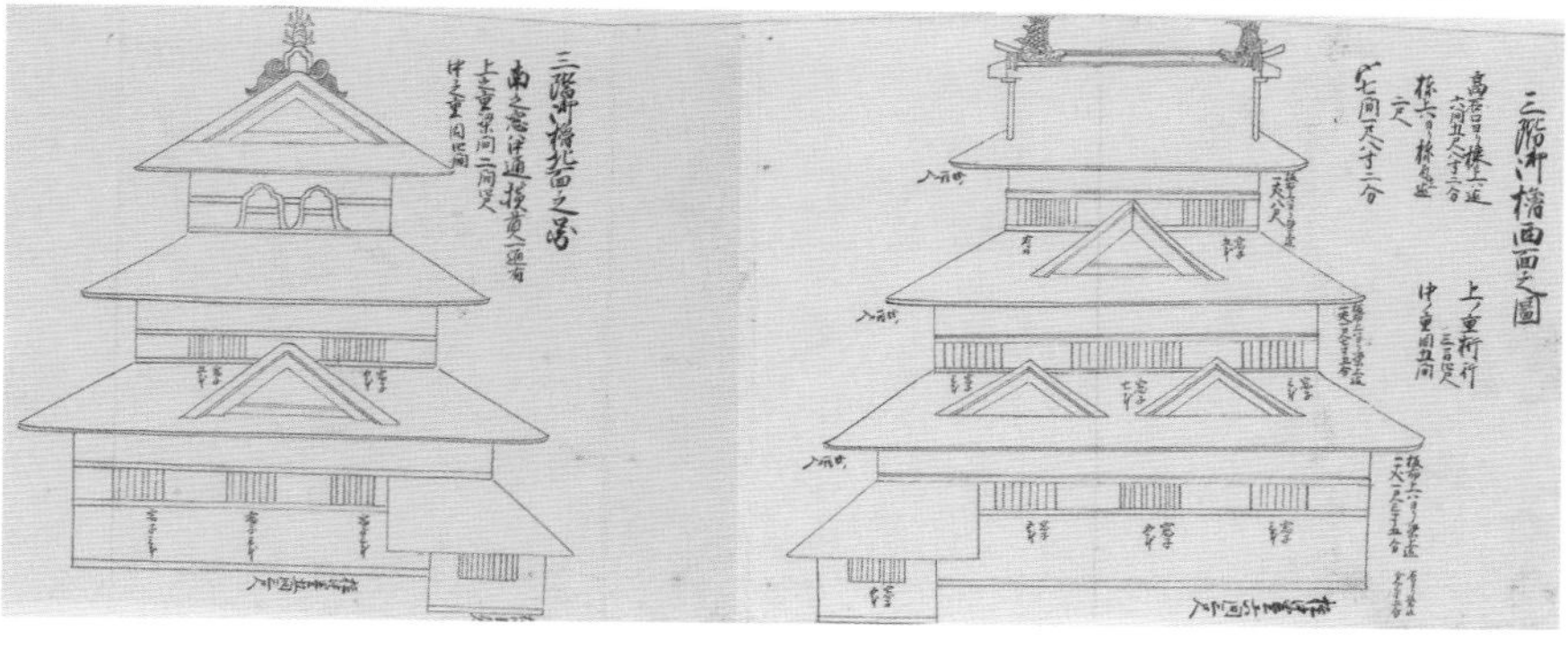

ときに天守を凌ぐほどの規模を誇った、城郭の防御を司る司令塔

三重櫓

【熊本城・彦根城・名古屋城ほか】

櫓②

中井 均

天守が城郭の象徴であるならば、櫓は防御の要であり、最大の三重櫓《さんじゅうやぐら》は司令塔的施設ということができよう。なかには熊本《くまもと》城の宇土《うと》櫓《やぐら》や大坂《おおさか》城の伏見《ふしみ》櫓《やぐら》、名古屋《なごや》城御深井丸戌亥《おふけいまるいぬい》櫓《やぐら》のように高知《こうち》城、宇和島《うわじま》城の天守よりも大きな櫓も存在する。

もちろんこうした三重櫓が構えられた城郭は大城郭に限られており、江戸《えど》城、大坂城、岡山《おかやま》城、福山《ふくやま》城、熊本城、高松《たかまつ》城、名古屋城、明石《あかし》城、弘前《ひろさき》城、仙台《せんだい》城、彦根《ひこね》城で複数の三重櫓が構えられたのみである。

そのなかで圧巻は大坂城である。本丸の周囲に構えられた十一棟の櫓はすべて三重櫓で、それらは多門櫓によって連結されていた。また二の丸には石垣塁線より天守台のように突出して櫓台が構えられた巨大な三重櫓、伏見《ふしみ》櫓《やぐら》が北方に睨みを効かせていた。逆に大城郭であっても広島《ひろしま》城や伊予松山《いよまつやま》城のように三重櫓が一棟も構えられなかった城もある。

巨大さゆえ、三重櫓にはほかの城の天守を移築したものという伝承や、伏見城の櫓を移したといった伝承も生んだ。現存する三重櫓は天守と同じ十二棟である。

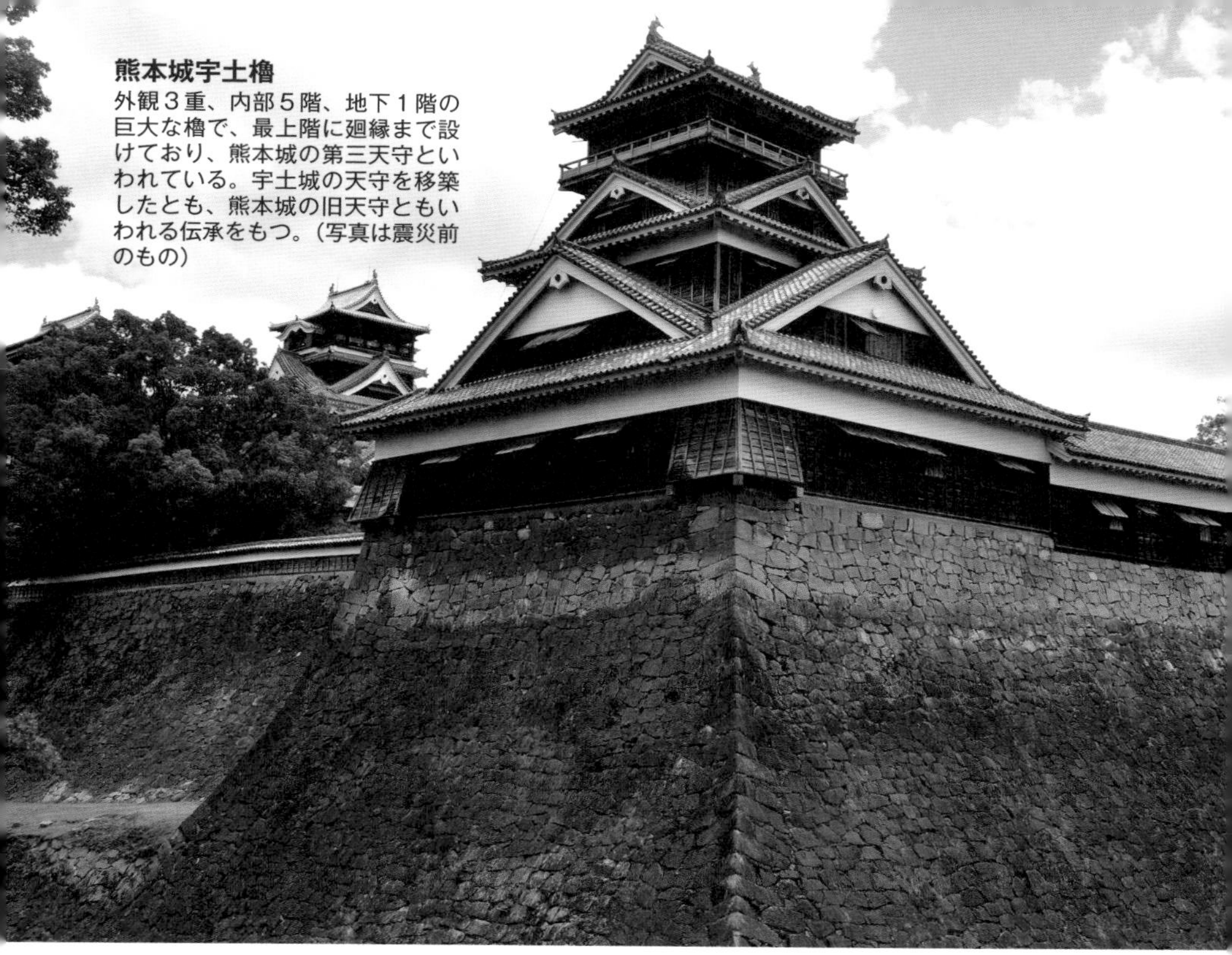

熊本城宇土櫓
外観３重、内部５階、地下１階の巨大な櫓で、最上階に廻縁まで設けており、熊本城の第三天守といわれている。宇土城の天守を移築したとも、熊本城の旧天守ともいわれる伝承をもつ。（写真は震災前のもの）

最大規模の櫓

近世城郭の建物の頂点に位置するのが天守であるならば、櫓は石垣の出隅部や、虎口《こぐち》の脇などの要所に構えられた防御の要であった。その最大のものが三重櫓で、城中でもっとも重要な位置に配置された。大城郭に築かれた三重櫓は規模も大きく、熊本城の宇土櫓や大坂城の伏見櫓（現存せず）は一重目が九間×八間、名古屋城御深井丸戌亥櫓が八間×七間を測る。高知城天守の八間×六間や、宇和島城天守の六間×六間をはるかに凌ぐ規模であった。

さまざまな伝承をもつ三重櫓【熊本城、彦根城】

三重櫓は大坂城の十二基を除くと一城にそう多くは構えられていない。岡山城、福山城で七棟、熊本城で六棟、江戸城、高松城で六棟、明石城、弘前城、仙台城で四棟であり、ほかの城では三重櫓が構えられていても一～二棟であり、櫓ではあるが極めて格式の高いものであった。そうした特徴的な櫓ゆえ、さまざまな伝承を生んだ。そのひとつが他城の天守を移したというものである。熊本城宇土櫓は三重櫓でも最大の規模を誇るもので、外観は三重であるが、内部は五階となり、地下にも一階を設けていた。その規模から第三の天守とも呼ばれ、宇土城の天守を移したものとも、旧熊本城の天守であったともいう伝承がある。

彦根城は天守が三重であり、櫓は天守より重の少ないものを構えられるのが普通であるが、彦根城では天守と同じ三重となる櫓が二基備えられていた。西の丸三重櫓は小谷《おだに》城の天守を移築したという伝承が伝えられている。戦国の山城《やまじろ》である小谷城には天守など存在しなかったにもかかわらずである。彦根城について詳細に記されている『彦根山由来記《ひこねやまゆらいき》』には、瓦《かわら》の粘土を小谷山で採集したとあり、それが転化して天守を移築したという伝承に変化したものと考えられる。

北方に構えられた山崎曲輪の先端の三重櫓は、琵琶湖に向けての防御の要であった。

移築された三重櫓【名古屋城、岡山城】

しかし、一方ではほんとうに移築した三重櫓も存在する。名古屋城の御深井丸戌亥櫓は三重三階の層《そう》塔《とう》型の櫓で、清須《きよす》城の小天守を移築したという伝承をもつ。柱などには移築によって生じた痕跡があり、実際に清須城の天守を移築して改修した可能性が高い。三重の望楼《ぼうろう》型天守を移築して、層塔型に改修したものであろう。

なお、名古屋城に三重櫓はこの御深井丸戌亥櫓一基のみであるが、本丸辰巳櫓《ほんまるたつみやぐら》、未申櫓《ひつじさるやぐら》は外観二重、内部三階で一重目の屋根を省略するだけの三重櫓そのもので、実際三重櫓と呼ばれていた。

現存しないが、岡山城の大納戸櫓《おおなんどやぐら》は外観三重、内部四階で、一重目が長辺一一間、短辺が五間半という矩形の巨大な櫓である。二重の入母屋《いりもや》に望楼を載せる望楼型は古式な構造で、宇喜多直家《うきたなおいえ》によって築かれた沼《ぬま》城の天守を慶長六年（一六〇一）に小早川秀秋が移築したと伝えられている。

熊本城宇土櫓城内面

宇土櫓は望楼型の構造で、１重目と２重目には入母屋破風とともに巨大な千鳥破風を設けている。外観は３重であるが、１重目の屋根裏と廻縁の下に階が設けられており、内部は５階となる。さらに天守と同じように地階も有している。（写真は震災前のもの）

熊本城飯田丸五階櫓（復元）

熊本城には宇土櫓のほかに飯田丸五階櫓などの三重櫓が６棟も構えられていた。飯田丸は熊本城の中心部の南西側を防御する曲輪で、その最前線に配置されたのが飯田丸五階櫓である。明治に取り壊されたが、平成17年（2005）に木造で復元された。（写真は震災前のもの）

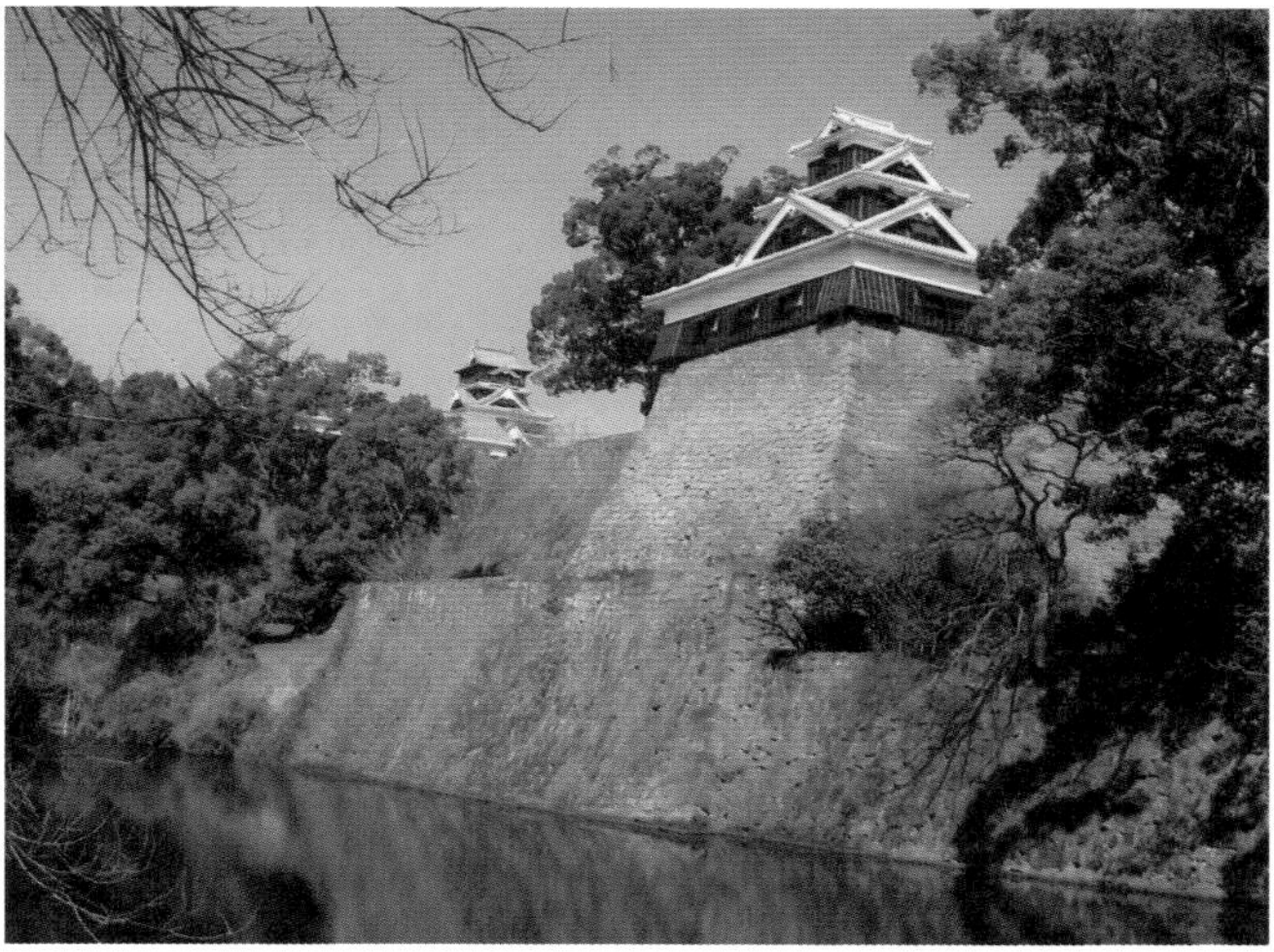

彦根城西の丸三重櫓

三重天守の城に三重櫓が構えられるのは極めて珍しい。彦根城には西の丸と山崎曲輪の２ヶ所に三重櫓が構えられている。西の丸三重櫓は破風をもたない単調な構造であるが、３重ということより、小谷城天守を移築したという伝承を生んだ。

全国に広がる「伏見櫓」の名称【福山城ほか】

　さらに天守ではなく、他城の櫓から移築したと伝えられる三重櫓もある。福山城の伏見櫓は一重目の長辺が八間、短辺が四間半という非常に細長い平面構造で、岡山城大納戸櫓に似る。二重目も同じ平面で、その上に小さな三重目の望楼を載せる望楼型の構造となる。棟木《むなぎ》に「松の丸東櫓」の墨書《ぼくしょ》があり、その名の通り、伏見城から移築された櫓であることが判明している。

　ただし、注意しなければならないのはこの伏見城とは決して豊臣秀吉《とよとみひでよし》の伏見城ではない。慶長五年（一六〇〇）の関ヶ原合戦の前哨戦で焼失した後に、徳《とく》川家康《がわいえやす》によって再建された伏見城から移築されたものである。福山城は水野勝成《みずのかつなり》によって元和五年（一六一九）に築かれたが、その際、徳川秀忠《ひでただ》より伏見城の櫓が下賜されたのである。譜代大名にとって秀吉の伏見城はなんの意味も持たないが、徳川伏見城の建物は拝領すべきものだったのである。

　伏見櫓は全国の城に認められる櫓の名称で、三重櫓としてはほかに大坂城にあった。また、二重櫓では江戸《えど》城、岸和田《きしわだ》城、尼崎《あまがさき》城などにあった。これらの城は幕府の城と、譜代大名の城であり、徳川秀忠からの下賜を意識した櫓であったことを見事に示している。

　福山城にはさらに神辺一番櫓《かんなべいちばんやぐら》、神辺三番櫓と呼ばれる三重櫓が構えられていたが、これらは福山築城まで備後の拠点であった神辺城から移築されたものであった。

　明石城の坤櫓《ひつじさるやぐら》や巽櫓《たつみやぐら》も明石築城以前の東播磨の拠点であった船上《ふなげ》城の天守もしくは櫓を移したという伝承をもつ。

豊かな個性と量産型

　ところで天守に櫓が付属する場合は、二重以上の櫓を小天守と呼び、一重の櫓を付櫓《つけやぐら》と呼ぶ。こうした小天守でも三重は極めて珍しく、姫路城の東、乾《いぬい》、西小天守と、広島城の東、南小天守と、松本城小天守と、熊本城小天守の四城七棟に過ぎない。姫路城

名古屋城御深井丸戌亥櫓
天下普請で築かれた名古屋城であるが、三重櫓は１基のみで、本丸の背後を守る御深井丸の最前線に配されていた。やはり三重櫓ということで、清須城の天守を移築したという伝承を生んだ。

明石城坤櫓
明石城は天守台を築いたが、天守は造営されなかった。本丸の四隅には三重櫓が構えられ、威容を誇っていた。坤櫓は本丸南西隅に構えられており、船上城より移築したとの伝承をもつ。

福山城伏見櫓
福山城には江戸城を上回る７棟もの三重櫓が構えられていた。その本丸の南正面に構えられたのが伏見櫓である。矩形の二重櫓に３重目を載せた望楼型の櫓で、伏見城松の丸東櫓を移築したものである。

の天守は連立式で、三基の三重小天守を二重の渡櫓で結ぶ構造で、小天守はまさに櫓として天守曲輪を防御する要として機能していた。

徳川将軍の居城である江戸城には六基の三重櫓が構えられていた。本丸南西隅に構えられた富士見櫓は天守焼失後にその代用とされた三重櫓で、総塗籠《そうぬりごめ》、出窓付きの層塔型。江戸城の三重櫓はほぼこの構造となっている。その構造より八方正面の櫓と称され、関東の譜代大名の居城の櫓のモデルとなったといわれ、川越《かわごえ》城の富士見櫓も江戸城の富士見櫓を模倣して築かれたと伝えられている。

このように三重櫓とは櫓のなかでも最大にして格式の高い櫓であったことより、個性豊かな構造となっている。しかし、一方では江戸城と大坂城という幕府の城では江戸幕府型とも呼び得るような同型の三重櫓が一城のなかで量産されるようになる。大名の居城でも弘前城では二の丸の辰巳櫓《たつみやぐら》、未申櫓《ひつじさるやぐら》、丑《うし》寅櫓《とらやぐら》は四間四方で、漆喰塗籠壁《しっくいぬりごめかべ》とし、軒下《のきした》や出格子《でごうし》を素木《しらき》のまま残し、栃葺《とちぶき》屋根とする規格化された三重櫓となっている。

高松城月見櫓
海城である高松城にはかつて5基もの三重櫓が構えられていた。月見櫓は瀬戸内海に面した北新曲輪に構えられた櫓で、海に出入りできる水手御門を守る重要な櫓であった。切妻破風や唐破風を多用し、窓の上下に長押形を打つなど装飾性が高い。

高松城艮櫓
瀬戸内海に面した東の丸の北東隅に構えられていた櫓で、1重目の巨大な塗籠袴腰の石落が大きな特徴となっている。昭和42年(1967)に桜の馬場太鼓櫓跡に移築された。

姫路城西小天守

大天守に付属する小天守も、その機能は櫓である。とりわけ連立天守では天守曲輪を防御する重要な櫓であった。姫路城には東・乾・西の３棟の小天守が構えられていた。

弘前城丑寅櫓

弘前城には天守（御三階櫓）を含め４基の三重櫓が現存している。天守を除く３基の櫓は規格化されており、その形状や構造はほぼ同一で、１、２階が四間四方、３階が三間四方となる。

江戸城富士見櫓

将軍の居城である江戸城だが、三重櫓は６基と意外に少ない。富士見櫓は関東大震災で倒壊したが、その直後に復元されたものである。八方正面の櫓と称され、関東の諸城の三重櫓のモデルといわれる。写真は本丸側より見たもの。

金沢城菱櫓（復元）

金沢城の二の丸東面には橋爪門、続櫓、五十間長屋、菱櫓が構えられていた。これらは海鼠壁で大変美しい。明治 14 年（1881）に焼失したが、平成 13 年（2001）に木造で復元された。

二重櫓

【二条城・大坂城・江戸城ほか】

櫓③

加藤理文

櫓の本来の目的が、物見《ものみ》と射撃の拠点という軍事的なものであり、二重櫓《にじゅうやぐら》も当然軍事機能が最優先された建築であった。射撃の拠点のみとするなら一階建ての平櫓《ひらやぐら》でも十分であったが、接続する土塀越しに狙ったり、迫り来る敵兵を効率よく把握したりするには一段高い場所から見渡すことが最低条件となった。そのため、物見の効果も併せ持った二重櫓が櫓の理想とされた。二重櫓こそが、近世城郭の守備の要・隅櫓《すみやぐら》の標準だったのである。

現存例も多く、すべての隅櫓を二重櫓とし、三重《さんじゅう》櫓《やぐら》や平櫓を建てない城も多かった。とくに、関東周辺の譜代《ふだい》大名の城は、幕府への配慮から城内に数棟の二重櫓のみとするのが一般的となった。二重櫓の標準的な平面規模は、五間×四間ほどであったが、中小規模の城になるとこれより一間（約一・八メートル）もしくは二間小さい小型の二重櫓が多用されている。

また、二重櫓は三重櫓に比べ、構造上・造形上の制約も少ないため、特殊な平面をしたものも少なくなかった。各地に残る「菱櫓《ひしやぐら》」と呼ばれる平行四辺形平面の二重櫓や、矩折平面《かねおりへいめん》（直角に曲がった形）

標準的な規模を持つ二条城二の丸西南隅櫓
二条城の二の丸の四隅には二重隅櫓が配されていた。なかでも西南隅櫓は５間×４間の最も標準的な櫓であった。初重の外面には張出（出窓）を設け、２重目窓の上下には長押を配し格式を高めている。また、張出の上に軒唐破風を配し、外観に彩を添えていた。

とすることで建築面積を節約する櫓、多門櫓《たもんやぐら》の隅部分にのみ二重目を載せた簡易的な櫓も見られる。二重櫓の上重の屋根は入母屋造《いりもやづくり》が原則であったが、切《きり》妻造《つまづくり》の櫓も存在している。

隅櫓の効能

城の防備で重要な箇所といえば、曲輪の隅部であろう。そのため、曲輪の隅部には櫓が上げられた。四方を見下ろし、寄せ手の動向をうかがい、城壁に近づいた敵に攻撃を仕掛けるに最適な場所だからである。籠城《ろうじょう》時の物見と射撃の拠点となる施設、それが隅櫓であった。遠くや四方を見下ろすためには平櫓では不十分であり、三重までの高さは不要となる。平櫓の上に物見のための階を載せれば事足りるため、二重櫓は、極めて重宝な櫓で、理想的な櫓として近世城郭の櫓の標準となった。そのため、通常櫓というと「二重櫓」を指すことになったのである。

隅櫓は、曲輪の四隅に配置されたため、方位を冠して東南隅櫓などのように総称された。江戸期の方位は、十二支《じゅうにし》をならべて表していたため、東北は「丑《うし》

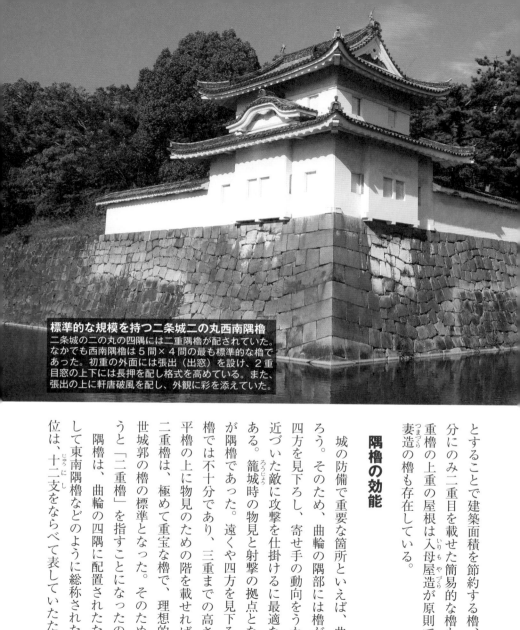

寅《とら》（艮）」・東南は「辰巳《たつみ》（巽）」・西南は「未申《ひつじさる》（坤）」、西北は「戌亥《いぬい》（乾）」が使用された。なかでも、鬼門《きもん》にあたる家相となる艮は、悪い方位の邪気を払うため神仏が祀られたり、角を斜めに切り落としたりして鬼門除けとすることもあった。そのため「鬼門櫓」とも呼ばれている。平成二十五年（二〇一三）に移築復元された日出《ひじ》城（大分県）鬼門櫓がことに著名で、屋根を含め東北角を斜めに切り落とすという徹底振りである。

二重櫓の構造

二重櫓の構造は、基本的には三重櫓や天守《てんしゅ》と変わらず、望楼《ぼうろう》型と層塔《そうとう》型に区別できる。天守や三重櫓と異なるのは、平櫓の上に単層の建物を載せるだけで済んでしまうことにある。したがって、初重平面が歪んでいようが、まったく関係なく上重の建物を造っている。

望楼型の二重櫓の現存例は少なく、伊予松山《いよまつやま》城（愛媛県）野原櫓《のはらやぐら》を挙げておきたい。細長い入母屋造の屋根の上に、棟を直行させて小さな物見のための上重を載せた櫓で、小型の望楼型天守にも見え、この櫓が大型化して天守へ変化したのではと思ってしまうほどである。野原櫓は、松山城内でも初期に建てられた建物で、慶長期（一五九六〜一六一五）にまで遡る可能性がある。

層塔型の櫓は、層塔型の天守出現と同時期の慶長十五年（一六一〇）以降、急速に増加してくる。下重より上重が一間もしくは半間逓減《ていげん》する例が多く、見た目も極めて単調である。そのため、下部に石落を持つ出窓形式の張出《はりだし》を設けたり、破風《はふ》を付設したりして単調になることを防いでいた。現存する二重櫓の大半は層塔型である。

歪んだ二重櫓と重箱櫓

初重平面が台形に歪んだ平面であっても、上重を載せることが可能な櫓が二重櫓で、そのため歪んだ櫓も存在する。だが、二重であるため、それほど歪んだ建物には見えない。このような歪んだ櫓は、菱櫓と呼ばれ金沢《かなざわ》城や大坂《おおさか》城など、多くの城に建てられていた。

大坂城の巨大な二の丸千貫櫓
徳川大坂城の櫓は、規模雄大で二の丸千貫櫓と六番櫓はともに８間×７間、一番櫓が７間×６間と大規模であった。それでも、大坂城内では中クラスの櫓である。千貫櫓は、城外側二面に出窓を配し、平側２重目屋根に軒唐破風を設けるなど意匠面でも工夫が見られる。

唯一現存する大坂城の矩折平面の二の丸乾櫓
西の丸米蔵曲輪から見ると乾の方向に位置するため、乾櫓と呼ばれ、平面がＬ字状の珍しい構えの櫓である。初重平面は北辺・西辺ともに８間×４間、同規模の２重目が載る重箱型の櫓でもある。Ｌ字にしたのは、省力化の一環で、内側には窓すら設けられていない。

望楼型の伊予松山城野原櫓
我が国唯一の現存する望楼型二重櫓で、入母屋造の平櫓の上に、棟を直行させて小さな望楼が載っている。乾櫓とともに、その東にあった小筒櫓跡と本丸の北側を防衛する重要な櫓であった。

移築復元された日出城鬼門櫓
鬼門とされる北東側の角を欠いた変則五角形の構造で、かつて城内本丸の北東隅にあった。その後、町内東仁王の個人方に移築されていた。平成 20 年（2008）に寄贈を受けた町が、城内二の丸に移築復元した。同 25 年（2013）復元工事が完成、内部も公開している。

石垣構築技術が未成熟であった時代、石垣隅部は直角とならず鈍角になってしまった。その上に建つ天守や三重櫓では、上重を望楼型にすることで歪みを矯正し、上部のみ方形に修正するのが常であった。二重櫓の場合は、望楼型として歪みを矯正することなく、あえて層塔型のままとし、櫓全体を歪んだものとすることも少なくなかった。二重櫓で多少歪んでいたとしても、強度など構造上大きな問題ではなかったのである。

また、初重と二重目の大きさを同一規模としたため、重箱を重ねたように見える重箱櫓《じゅうばこやぐら》も建てられた。この場合、初重屋根を腰屋根《こしやね》（大棟の上の小さい屋根）とするケースも見られる。一・二階同大の櫓は、見た目にも違和感があり、それほど多くは採用されなかったが、村上《むらかみ》城（新潟県）や臼杵《うすき》城（大分県）では多用されていた。臼杵城に現存する畳櫓《たたみやぐら》、卯寅《うとの》口門脇櫓《ぐちもんわきやぐら》ともに重箱櫓となっている。

制約が少ない二重櫓

二重櫓は三重櫓と比較し、構造上の制約が少ないため、特殊な平面形式でも上重を載せることが可能であった。もっとも特殊な平面形態が角地に配置された矩折《かねおり》（直角に折れ曲がる）の櫓で、角地からそれぞれ八間の幅を持つ櫓であったなら、当然外側から見れば八間四方の超巨大な櫓に見えたはずである。ところが実際は、角地を接点に、八間×四間の櫓がL字に繋がっていただけである。防備上で重要でない城内側を凹《へこ》ますことによって、櫓の建築面積を節約するとともに、内側には狭間《さま》はおろか窓すらない「のっぺらぼう」の姿の櫓も存在した。

こうした省力化の矩折櫓は、徳川大坂城、名古屋《なごや》城、駿府《すんぷ》城などの幕府系の巨大城郭で用いられている。矩折の二重櫓は、折れ曲がり部にも入母屋破風を設けることになったため、両端部と合わせると都合三つの入母屋破風を持つ櫓となった。現存例は、大坂城二の丸乾櫓であるが、復元された駿府城二の丸巽櫓も、同様な構造の櫓である。

究極の二重櫓

塁線上に設けられた防御施設といえば、柵、塀、

江戸城の大型の三の丸桜田巽櫓

江戸城に現存する重層櫓は、桜田巽櫓、富士見櫓、伏見櫓の３基のみである。桜田巽櫓の初重規模は、６間×７間半で、初重に切妻型張出（出窓）を配し、初重、２重目ともに窓の上下に長押型を設け格式を高めていた。江戸城は、こうした二重櫓が20基以上築かれていた。

名古屋城の超巨大な本丸西南隅櫓

本丸に配された３基の二重櫓は、いずれも初重が内部２階となるため２重３階の隅櫓であった。７間×７間と巨大な規模で、弘前城・宇和島城・丸亀城天守より大きい。いずれの櫓も２階の２面に出窓を設け、その屋根の形を変えることで単調になるのを防いでいた。

金沢城石川門菱櫓

石川門枡形を構成する二重櫓で、枡形に横矢を掛けていた。1、２階ともに歪んだ建物で、まさに菱櫓である。宝暦の大火（1759）の後、天明８年（1788）に再建、文化11年（1814）に解体修理されている。

重箱櫓の臼杵城畳櫓

二の丸前腰曲輪の中ノ門前に位置する上下同大（４間×３間）の規模を持つ重箱櫓である。宝暦13年（1763）の大火で焼失後、明和年間（1764～72）の再建と推測されている。

多門櫓などが挙げられる。当然、もっとも強固な防備を誇っていたのが多門櫓で、多門櫓で守られた城壁は、当時の兵器や戦術で突破することは、ほとんど不可能であった。この多門櫓の端部や折れ曲がり部などの要所のみを二重櫓とし、物見の役割を担わせることは、多くの城で試みられた。現存例も多く、熊本《くまもと》城宇土櫓《うとやぐら》の続櫓《つづきやぐら》、彦根《ひこね》城天秤櫓《てんびんやぐら》、福岡《ふくおか》城南丸多門櫓など、かなりの類例を見ることができる。

　このように、多門櫓の端部に上重を載せることで、防御施設に物見の機能を加えたのである。ところが、多門櫓全体を二重二階とする過剰防衛と呼ぶべき櫓も存在した。現存例は金沢城三十間長屋《さんじゅっけんながや》で、金沢城の多門櫓の多くは二重二階であった。復元された金沢城の五十間長屋は、まさに究極の二重櫓と呼ぶにふさわしい。多門櫓のみで防御は十分であったにもかかわらず、あえて長大な櫓の全長を二重櫓にするには莫大な費用を必要とした。加賀百万石だからこそ可能だったのであろう。現存しないが、岡山《おかやま》城、福岡城、久留米《くるめ》城なども古写真が残り壮大な構えであったことが判明する。

重箱櫓の岡山城西の丸西手櫓
西の丸の西端を守る隅櫓で、慶長８年（1603）ごろ建築されたという。２重２階で、南北５間×東西３間半と上下同大の規模を持つ重箱櫓である。西側１階に唐破風を配し、左右隅に石落を設けている。

備中松山城の小型の二重櫓
天守の背後に建てられた二重櫓。４間×３間と小型の櫓で、岩盤上に石垣を設けその上に建つ。下見板張の武骨な外観であるが、２重目出窓上に小屋根を設けるなど、天守との共通性もあり同時期の築造を裏付ける。

福岡城の南丸多聞櫓に接続する二重隅櫓
桁行30間の平櫓の両端に二重櫓を載せた構造である（北端は昭和再建）。南西隅にあるのが2重2階切妻造隅櫓で、2階部が切妻造の隅櫓は極めて珍しい。建築年代は不明であるが、平櫓は嘉永6年（1853）から翌年にかけて建替えられている。

端部のみ二重の熊本城宇土櫓続櫓
宇土櫓から南方に16間の多門櫓が続き、その端部にのみ、角地の物見機能を向上させる目的で、上重を載せている。慶長6～12年（1601～07）の創建当時の威容を残す部分である。

金沢城の復元された五十間長屋
防御施設としては多門櫓のみでも十分であり、それをあえて2重にする必要はなかった。物見が必要なら端部のみ2重にするだけで事足りた。莫大な費用をかけて築いた金沢城の2重2階多門は、加賀百万石ならではの贅沢な建築であった。

櫓の基本形ともいえる平櫓から抜群の防御力を誇る多門櫓へ

平櫓・多門櫓

【伊予松山城、姫路城、熊本城ほか】

櫓④

中井 均

一重の櫓を平櫓《ひらやぐら》と呼ぶ。一般的には桁行三間の一《いち》重櫓《じゅうやぐら》を平櫓とし、それ以上の長大なものを多門櫓《たもんやぐら》と称しているが、その相違を明確に区別することができない。二重櫓《にじゅうやぐら》が櫓の標準であったため、江戸《えど》城や大坂《おおさか》城など幕府の城では平櫓は設けられなかった。しかし、一方で広島《ひろしま》城や熊本《くまもと》城、伊予松山《いよまつやま》城などでは数多く備えられていた。こうした平櫓は城の外郭部に備えられていたが、伊予松山城では天守曲輪《てんしゅくるわ》という中心部の隅に集中して築かれている。また、熊本城のように石垣の塁線が複雑に折れ曲がる城では平櫓を重ねることによって多門櫓としていた。

この塁線上に長大に構える多門櫓は、多門長屋《たもんながや》、長櫓《ながやぐら》、走櫓《はしりやぐら》などとも呼ばれ、数多くの城で普遍的に備えられており、二重櫓とともに標準的櫓であった。現存する棟数も二重櫓と同数あり、櫓の遺存例としてはもっとも多い。なお、多門櫓の中には二重に構えるものもあった。

シンプルな平櫓

単層の一重櫓、特にその規模が桁行三間程度のものを平櫓と呼び、桁行が長大なものを多門櫓と呼ぶ

伊予松山城二の門南櫓
伊予松山城の天守曲輪には一の門南櫓、二の門南櫓、三の門南櫓と３棟にのぼる平櫓が備えられ、天守曲輪の南面に配置された門に睨みを効かせている。写真は二の門南櫓で、城外側には小屋根をもつ戸袋型の石落も設けられている。

と前述したが、その桁行に関しては明確な区分はなかった。櫓の基本型は二重櫓であり、平櫓は物見には適していなかったことは明らかであり、江戸城や大坂城、名古屋城などの幕府系の城には一棟も採用されなかった。

しかし、広島城や伊予松山城では数多く備えられており、広島城では三十棟にのぼる平櫓が備えられていた。その配備は三の丸、外郭の出隅部《ですみぶ》ではなく、長大な塁線の中間に点々と備えられている。これは出隅という防衛上重要な箇所には二重櫓を配し、長大な塁線に押し寄せてくる敵に対しては横矢《よこや》を掛けるために多くの平櫓を配していたことがわかる。

また、広島城で注目されるのは、同じ外郭でも東側では備えられた十二基の櫓はすべて二重櫓となっていることで、ここは福島正則《ふくしままさのり》によって増築された曲輪である。こうした相違から平櫓は毛利輝元《もうりてるもと》時代に多用された櫓で、慶長五年（一六〇〇）以降に入城した福島正則にとって平櫓では用をなさなかったため、増築部分はすべて二重櫓にしたのであろう。

一方、伊予松山城では本丸の中心、天守曲輪に平櫓も三棟も配されている。天守曲輪への進入路は一の門、二の門、三の門を通って筋鉄門《すじがねもん》に至り、天守中庭に入るようになっている。この一、二、三の門の脇に三棟の平櫓が配されており、その形態は枡形《ますがた》の多門櫓と同じ機能となっている。また、城外に向かってこれら平櫓には小屋根の付く出窓形の石落《いしおとし》が備えられており、天守曲輪に殺到する敵に向けて斜めに横矢が掛けられている。

さらに平櫓の配置として注目できるのが、熊本城《くまもと》である。熊本城の東竹の丸の東辺石垣は直線に築かれておらず、少しずつずらせて築かせている。二重櫓ではこうした屈曲に連続して建てることはできない。そこで平櫓を少しずつずらせて建てることによって塁線を防御しているのである。その典型が田子《たご》櫓《やぐら》、七間櫓《しちけんやぐら》、十四間櫓《じゅうよんけんやぐら》、四間櫓、源之進櫓《げんのしんやぐら》の連なりである。

古写真が撮られた平櫓

ところで現存しないが、古写真に写された平櫓があるので紹介しておきたい。一枚は明治二年（一八六九）に撮影された伊勢亀山《いせかめやま》城の大手門《おおてもん》に構えられた着到櫓《ちゃくとうやぐら》である。三間規模の小規模な平櫓で、屋根は切妻《きりつま》となっている。同じく明治初年に撮影された伊勢桑名《いせくわな》城の三の丸の写真には城ノ腰物見櫓《しろのこしものみやぐら》が写されている。石落を付けた、三間規模の小規模な平櫓で、屋根は切妻となっている。また、現存する平櫓のなかにも姫路《ひめじ》城ト の櫓は屋根を切妻としている。一方で府内《ふない》城宗門櫓《しゅうもんやぐら》や松山《まつやま》城の三棟の櫓は小規模ではあるが、屋根は入母屋《いりもや》としており、本来は平櫓も入母屋で建てられていたが、小規模ゆえ簡略化され切妻造《きりつまづくり》となった事例もあったのだろう。

ところで、幕末の尾張《おわり》藩主徳川慶勝《とくがわよしかつ》が撮影した広島城三の丸南門の写真には三の丸の堀に面して平櫓が連なって映っている。三の丸の塁線は土塁《どるい》となっており、平櫓の櫓台《やぐらだい》部分のみは石垣とし、さらに土塁線より突き出して構築されており、見事に横矢を掛けていることがわかる。長大な塁線に対して平櫓を構えることによって塁線防御を強固なものとしていたことが頷ける写真である。平櫓でも充分に防御の任を果たしていたのである。

伊予松山城隠門続櫓
松山城の本丸正面を守る筒井門の向かって右側に隠された門が隠門で、敵の背後を衝くことができた。この門に対して横矢が掛かるように備えられたのが続櫓である。

府内城宗門櫓
二の丸（西の丸）南面のほぼ中央に備えられた櫓で、連子窓、石落、鉄砲狭間、矢狭間が配されている。城内側には地階があり、一見すると二重櫓に見える。安政6年（1859）の再建。

姫路城太鼓櫓
姫路城に6棟の平櫓、22棟の多門櫓が備えられていたことはあまり知られていない。写真は通称「への櫓」と呼ばれる太鼓櫓で、「りの門」脇に備えられた短形の櫓である。

強固な防御力を持つ多門櫓

桁行を三間以上にしたものを一般に多門櫓と呼んでいる。また、多門櫓は多門長屋、長櫓、走櫓などと呼ばれていた。土塀に対して圧倒的な防御力を有することより、大藩の城では塁線上には多門櫓が備えられた。徳川大坂城の本丸は、出隅部はすべて三重櫓とし、その数は十二ヶ所におよんでいる。圧巻はそれら櫓間をすべて多門によって連結している点である。慶応元年（一八六五）に撮影された、著名な本丸東面の写真には、三重櫓三棟と、それらを結ぶ多門が壮大な姿で写されている。

姫路城の西の丸の西面は渡櫓《わたりやぐら》と称する多門によって守られていた。この西の丸西面も熊本城東竹の丸東面と同様に複雑に折れ曲がっており、その塁線に合わせながら多門が連なっている。しかし姫路城では平櫓である多門の要所々々に二階を構えて二重櫓とし、さらに防御を強固なものとしている。こうした多門の端部などに二重櫓を構える例としては、ほかに福岡《ふくおか》城南多門櫓、彦根《ひこね》城佐和口多門《さわぐちたもん》、天秤櫓《てんびんやぐら》などがある。

多門櫓は原則平櫓であったが、さらに防御を強固なものとするために、部分的に二重櫓を構えるだけでは収まらず、ついに櫓自体を二重にする多門櫓も出現する。金沢《かなざわ》城では多くの二重多門櫓が構えられており、三十間長屋《さんじゅっけんながや》が現存している。また、現存しないが、岡山《おかやま》城本丸や福岡城本丸には長大な二重多門櫓が配置され、その端部には三階を設けて三重櫓を構えていた。

ところで、高知《こうち》城の二の丸、三の丸には数多くの二重櫓が配されているにもかかわらず、本丸には東多門、西多門、納戸蔵《なんどぐら》と廊下門《ろうかもん》という四棟の多門しか構えられていない。これは本丸が狭く、多重櫓を備えるスペースが確保できなかったためである。そこで平櫓ではあるが、土塀《どべい》に比べ強固な防御力を持つ多門を配して本丸防御の要としたわけである。

このように平櫓、多門は望楼としての櫓機能は低いが、塁線防御では多重櫓と遜色のない防御性を有していたことがわかる。このため、外郭や面積の少ない本丸などには数多く構えられていたのである。

高松城北の丸渡櫓
俗に「北の丸」と呼ばれる北新曲輪から直接海へ出る水手御門脇に備えられた平櫓で、延宝４年（1676）に建てられた。城外側には２つの銃眼と石落が設けられている。

大坂城大手多門櫓
大手枡形の正面に配された多門櫓で、桁行28間という巨大なものである。徳川幕府系の長大な多門櫓の大半が失われてしまった現在、その壮大さを知る唯一の残存例である。

熊本城田子櫓・七間櫓・十四間櫓
熊本城東竹の丸の東辺は石垣が直線とならず、細かく屈曲している。それで平櫓を少しずつずらせて建てることにより塁線を防御している。写真は左側より田子櫓、七間櫓、十四間櫓で、これらを連ねることにより、１棟の多門櫓としている。

高知城西多門櫓

高知城の本丸は廊下門、東多門、西多門、納戸蔵の４棟の多門櫓によって取り囲まれている。西多門櫓は本丸警護の藩士が詰める番所であった。享保 15 年（1730）ごろに建てられたものである。

松江城中櫓（復元）

松江城二の丸上段には下段の大手に備えて太鼓櫓と中櫓という２棟の平櫓が睨みを利かせていた。明治初年に撮影された写真を参考に、平成 13 年（2001）に南櫓、太鼓櫓とともに木造で復元された。

熊本城東十八間櫓

東竹の丸の北東部に備えられた枡形を睨む位置に備えられたのが、この東十八間櫓である。桁行 18 間、梁間４間という巨大な平櫓で、現存する熊本城の多門櫓中最大のものである。

姫路城渡櫓
西の丸は本多忠政によって造営された。その西面を防御するように渡櫓が延々と備えられている。屈曲する部分は二重櫓となっている。

平戸城狸櫓
二の丸北虎口門に対して横矢を掛けるようにして備えられているのが狸櫓である。江戸時代後期に建てられた櫓ではあるが、改変が著しい。正式名称は多門蔵であった。

日出城裏門櫓（復元前）
日出城の搦手門の外枡形に構えられていた平櫓は鐘櫓とも呼ばれ、明治８年（1875）に二の丸へ民家として移された。写真は民家として利用されていたときのもの。現在は再移築のうえ復元されている。

敵の侵入を阻む城門の中で、最も厳重で堅固な門

櫓門

城門①

【江戸城・姫路城・大坂城ほか】

加藤理文

城の最前線に位置し、敵方の侵入を防ぐ門は、守備の要であり、最も重要な役割を担う施設であった。城門《じょうもん》は、曲輪《くるわ》の出入口ごとにも建てられ、城内にいくつも存在していた。敵方の侵入を防ぐ目的があったため、場所ごとに姿かたちが変わり、様々な形式の門が存在している。

櫓門《やぐらもん》とは、一階を城門、二階に櫓を載せた門で、城門の中では最も堅固な構造を持つ門である。門上の櫓からは、離れた敵の行動を監視するだけでなく、弓や鉄砲を使って攻撃することも可能であった。また、敵兵が門に迫り、扉に攻撃を加えようとしたなら、頭上に配置された石落《いしおとし》を開き、一斉射撃による集中砲火を浴びせられた。このように、櫓門は敵兵が遠くにいようと近くにいようと、容易に攻撃可能な拠点であった。

一般的な櫓門は、石垣の間に門を設け、その上に櫓を渡したもので、門両側に袖石垣《そでいしがき》が設けられていた。近世城郭では、虎口《こぐち》を固める最強の方式である枡形《ますがた》の内側に配置されるケースが最も多い。前面の高麗門《こうらいもん》、内側の櫓門を合わせ枡形門《ますがたもん》と呼ばれる。平《ひら》山城《やまじろ》のように、曲輪間に高低差があると、両サイド

袖石垣を持つ巨大な櫓門・江戸城外桜田門
石垣の間に門を設け、その上に櫓を渡した厳重な門で、枡形門の内側に位置する櫓門。門部分の扉や柱などすべてに筋目鉄板を張り付け、防備を強固にしていた。枡形は15間（27m）×21間（38m）もあり、320坪という広さは、現存している江戸城の城門のなかでは最も大規模な枡形構造だ。

が袖石垣とならず、片側のみ袖石垣となることもあった。また、土塁造の城では、石垣が無いため、櫓門は総二階建てとせざるを得なかった。

櫓門の登場

古代中国の都城制《とじょうせい》を手本に建設された平城京《へいじょうきょう》・平《へい》安京《あんきょう》には「羅城門《らじょうもん》」と呼ばれる「二重閣九間《にじゅうかくきゅうけん》」と記録される九間五戸の重層門があった。軍事施設というより、都の内外を区切るシンボル的な門であった。また、大内裏《だいだいり》の四方にも十二の門が備えられ、中でも「朱雀門《すざくもん》」は五間三戸の規模で、朝廷の政庁の正門であった。目的は異なるものの、見た目はまさに櫓門である。

その姿かたちはわかっていないが、鬼《き》ノ城等の古《こ》代山城《だいさんじょう》からは、石塁の間に明らかに城門と推定される礎石《そせき》が検出されている。その規模から、二階部を持つ櫓門と推定されている。これらの門が、その後の城の門として発展したとは考えられないが、古代にも櫓門は存在していたのである。

鎌倉時代の『一遍上人絵伝《いっぺんしょうにんえでん》』に描かれた武家屋敷

には、堀に囲まれた屋敷の正面に、簡単な城門が見られる。門上に盾《たて》となる低い板塀を廻し、そこに盾が数枚立て掛けられ、一人分がやっとと思われる簡易な小屋が載せられ、隅に矢が束ねて置かれている。門上部は物見台《ものみだい》であり、城門に迫り来る敵兵に対し攻撃基点となる陣地であった。こうした城門が、山城《やまじろ》まで存在したかは疑問であるが、中世末から戦国期にかけ、本格的な櫓門へと発展した可能性は十分考えられる。

櫓門の構造と意匠

城門には様々な種類の門が存在する。形や大きさ、作られた時代、門の目的など、使われ方も異なっている。だが、どんな形式の門であろうとその基本構造は同様で、鏡柱《かがみばしら》、冠木《かぶき》、控柱《ひかえばしら》、扉から成っていた。鏡門の正面には鏡柱と呼ばれる二本の太い主柱を立て、その上に冠木と呼ばれる太い水平材が渡された。鏡柱の間には、内開きの二枚の扉が取り付けられ、行く手を遮ることになる。また、鏡柱の後方には転倒防止の控柱を立て、鏡柱と貫《ぬき》で連結していた。この

基本構造の上に載せるものの違いによって、城門の種類が変化したのである。

基本構造の上に櫓を載せた城門が櫓門で、階下が城門、階上が櫓であった。門の冠木と内冠木が、櫓を載せる台座となり、通常一間ごとに床梁《とこはり》を渡して、その上に櫓を建てる。また、床梁は、冠木より外側へ張り出すのが通常で、これは階下の門扉に雨があたるのを防ぐためであった。張り出した部分の床は、床板が外れるようにしてあり、石落に利用された。門扉に近づいた敵兵に、真上から攻撃するためである。張り出しは、一石二鳥の効果があった。

櫓門は、城門の中で最も格式の高い門であったことは、屋根に鯱《しゃち》が飾られていたことからも判明する。また、天守《てんしゅ》と同様に華頭窓《かとうまど》を採用したり、窓の上や下に長押形《なげしがた》が設けられたりもした。中でも、特に格式高く古式な櫓門には、書院造《しょいんづくり》の建物に用いられる舟肘木《ふなひじき》（船底形の木の棒）が置かれていた。また、柱や長押のみを素木《しらき》で見せたり、塗籠《ぬりごめ》であっても柱の形を見せたりする真壁造《しんかべづくり》の城門もあった。舟肘木が置かれた現存例は少なく、小諸《こもろ》城の大手門と三の

袖石垣を持つ一般的な櫓門・新発田城本丸表門
門の手前に木橋(現在は土橋となっている)が架かり前面に二の門は無いが、櫓門を後方に控えて建て、左右の土塀をＬ字に接続することで、門前面に方形区画を設けている。櫓門からだけでなく、左右の土塀からも攻撃が可能で、枡形門同様に、三方からの射撃を可能としていた。

片側のみ袖石垣を持つ櫓門・姫路城菱の門
地形の関係で、城門の左右で石垣の高さが異なると、こうした変則的な櫓門にならざるを得ない。通常の両側に袖石垣を持つ櫓門の下部は木部のみの構造であるが、石垣が無いため片側木部が塗籠られている。菱の門は、華頭窓、漆塗、化粧金具類が多用される華やかな門で、正面を飾るに相応しい門であった。

袖石垣の無い小型の櫓門・高知城黒鉄門
曲輪の四周を廻る土塀を開けて構えられた簡易的な櫓門。２階建の櫓門とすることで、通路に対する防備強化を図っていた。階下の柱、扉などの南面に筋鉄を入れ、外観上は漆喰塗の壁が見られず、すべて板張りで黒く仕上げているため黒鉄門の名がある。

袖石垣の無い巨大な櫓門・弘前城追手門
土塁造りの城の場合、石垣が無いため、櫓門は総２階建にせざるを得なかった。石垣が無いため、腰屋根は門部分の上部だけではなく、四周を廻っていた。見た目は立派な櫓門であるが、土塁との間の隙間を埋めなくてはならず、土塀を接続させ対応していた。防備力は、袖石垣の櫓門に比較し、手薄となる。

門に見られる。戦災で焼失した仙台《せんだい》城大手門《おおてもん》、広島《ひろしま》城中御門《なかごもん》でも採用されていた。真壁造の現存例として、和歌山《わかやま》城岡口門《おかぐちもん》、姫路《ひめじ》城菱《ひし》の門《もん》、福山《ふくやま》城筋鉄《すじがね》門などがある。

様々な櫓門

近世城郭の大手門や本丸正門などの主要城門には、一般的に櫓門が採用されていた。特に、石垣で囲まれた枡形では、外側の門に高麗門（二の門）、内側に櫓門（一の門）を設けることを常としていた。両門をまとめて枡形門と呼び、江戸《えど》城外桜田門《そとさくらだもん》・大坂《おおさか》城大手門が現存している。

櫓門は、階下の城門部分の両脇が袖石垣になる門と、袖石垣を持たず総二階建になる門とに大別される。袖石垣を持つ櫓門は、上階の櫓部分が袖石垣上まで延びるため、多門櫓台《たもんやぐらだい》の石垣の中央を切り欠いて、そこに城門を配したようにも見える。この形式の櫓門は、石垣を使用する城のほとんどに見られ、最も一般的で多数を占める櫓門となった。対して、袖石垣の無い総二階建の櫓門は、石垣の無い土造りの城に用いられた櫓門で、城門の上部にのみ櫓が構えられていた。

袖石垣を持つ櫓門の一階部分の屋根は、城門の上部にのみ架けられていたが、総二階建の場合は、四周に廻り二重二階となるか、屋根を採用せずに一重二階となることもあった。

櫓門の上階は通常は一階であるが、二階とする厳重な櫓門も存在する。熊本城には、数多く二重二階の櫓門が存在したが、これは門の両脇の石垣があまりに高く、渡櫓《わたりやぐら》を渡すとどうしても二重にならざるを得ないという事情もあった。また、平山城のような高低差を持つ城では、必然的に二重二階となったが、彦根《ひこね》城京橋口門《きょうばしぐちもん》や伊予松山《いよまつやま》城北郭門《きたくるわもん》は、見栄えと防御の観点から、意図的に二重二階としていた。

櫓門に続櫓《つづきやぐら》を接続する門も数多く見られるが、多門櫓を接続して枡形を取り囲むと、最も厳重で最強な枡形門が完成する。いずれの場合も、門に迫り来る敵兵に備えたもので、防備強化が最大の目的であった。名古屋《なごや》城本丸入口となる東門・南門枡形が好例で、大坂城大手門と金沢《かなざわ》城石川門《いしかわもん》が現存例である。

２重２階の櫓を持つ櫓門・姫路城「ぬ」の門

門上の櫓を二重櫓とした櫓門が最も厳重であった。門の内側と外側の高低差が大きいと、こうした櫓門になることが多い。かつて熊本城・金沢城・津山城・伊予松山城にもあったが、現存しているのは姫路城「ぬ」の門と水五門のみとなってしまった。

長大な渡櫓を連結した櫓門・彦根城天秤櫓

門前面には廊下橋と呼ばれる木橋を配置、有事の際には切り落しが可能であった。門は、長大な渡櫓（多門櫓）の一部を開けて門部を設け、両端には、向きが異なる二重櫓を配し、通路を扼していた。城門部分だけが真壁造となり、その左右の窓も素木を見せているのは、格式を上げるためと思われる。

舟肘木が置かれた小諸城大手門

慶長 17 年（1612）、仙石秀久が江戸から大工を招き築いたと伝わる。入母屋造の２階櫓門で、下層の間口６間半、奥行２間半、高さ６間余の規模で、２階部分が袖石垣に載らない総２階建の櫓門であった。舟肘木とともに質実剛健な慶長建築を偲ばせている。

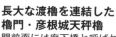

特殊な櫓門

形式上は櫓門だが、別の用途を兼ねた特殊な櫓門も存在する。高知《こうち》城の詰門《つめのもん》は本丸と二ノ丸の間の空濠を塞ぐ形で造られ、二階が両者をつなぐ渡廊下《わたりろうか》（廊《ろう》下橋《かばし》）になり、藩政時代には「橋廊下」と呼ばれた。現在は、家老や中老などの詰所も四室設けられていたことから、詰門と呼ぶ。階下は三ノ丸と獅子の段とをつなぐ通路を仕切る門と塩蔵であった。入口と出口の扉の位置を筋違いとし、防御を強固にする。

姫路城「に」の門は、櫓への入口のように見えるが、屈曲した通路に入るための城門である。通路は狭く石垣に挟まれ、出口は周囲の曲輪より一段低い方形区画となっていた。出口で頭上からの一斉射撃により殲滅《せんめつ》する工夫を凝らした櫓門である。上部櫓部は、続櫓と接続させて通路を覆い隠していた。二《に》条《じょう》城本丸表門は、階下が内堀を渡る橋と接続し、階上は朝廷や幕府の使節用の廊下橋として利用された極めて特殊な櫓門である。階上が御殿《ごてん》への渡廊下として使用された例は、津山《つやま》城や岡山《おかやま》城に見られる。

続櫓を持つ櫓門・彦根城太鼓門
天守を目前にした最後の城門で、本丸正面を固める重要な門であった。櫓門の手前南側に続櫓を突出させることで、通路及び門前に迫り来る敵兵に横矢（側面攻撃）を掛けていた。この続櫓の城内側（東面）は開放され、柱間に高欄をつけて一間通りを廊下とした特殊な門でもある。

背面の外壁が無い櫓門・松前城本丸御門
切妻造、銅板葺、三間一戸両脇戸付き櫓門で、両側の袖石垣上に櫓部分を載せるのは通常であるが、背面側にまったく２階がなく、屋根が直接袖石垣を覆うだけの姿であった。２階部分は小屋裏構造で、天井も無く柱は北に向かって下がり、狭苦しい内部となる。石垣は凝灰岩の切込ハギである。

大坂城大手門の渡櫓（櫓門）
大手口枡形の石垣の上に建つ櫓で、大門の上をまたぐ渡櫓と、その右側に直角に折れて接続する続櫓によって構成される。現存する多門櫓の中でも最大規模で、高さは約 14.7 m、建築総面積は約 710㎡である。寛永５年（1628）に創建、その後落雷で焼失し、嘉永元年（1848）に再建された。

高知城詰門
本丸と二の丸の堀切を塞いで建てられた渡櫓門である。下部の入口が、鏡柱を持つ大型の門構造とならないため、櫓門には見えないが、構造上は櫓門となる。階上は４室に区分され、各室とも畳敷であった。北端は入母屋造、南端は廊下門に接続する。

姫路城「に」の門
石垣と土塀に挟まれた城内屈指の防御力、攻撃力を誇る櫓門。頭上は合計３棟の櫓が複雑に折れ重なり合った構造となり、門の内部は低い天井の穴蔵を右に曲がりながら階段を登る複雑な構造をとる。階上の櫓の床板をはずせばそのまま門内を通過しようとする敵兵の頭上に攻撃が可能であった。

古代山城鬼ノ城の復元された城門
鬼ノ城（岡山県総社市）は、山の頂部にかけて約 3㎞の城壁が取り巻き、その隙間には門が開けられていた。整備復元された西門は、間口３間（12.3 m）、奥行２間（8.3 m）の大規模な門で、中央１間が開口する。12本の掘建柱で上屋を支える構造で、門扉のつく柱は、一辺最大60cm の角柱を２m 程埋め込んでいた。

近世城郭で代表的な高麗門をはじめ個性あふれる城門の数々

高麗門・薬医門・埋門

【大坂城・名古屋城・丸亀城ほか】

城門②

中井 均

櫓門《やぐらもん》は城門の代表格であるとともに城郭にしか用いられない門でもあった。しかし城門にはそれ以外にも数多くの構造の門が用いられている。そのなかでもっとも多く用いられたのが高麗門《こうらいもん》である。鏡柱の上に冠木《かぶき》を渡し、その上に屋根を載せ、二本の控《ひかえ》柱《ばしら》にもそれぞれ屋根を載せる構造で、上から見るとコの字状になる屋根となっている。

その起源は不明であるが、関ヶ原《せきがはら》合戦後の築城ラッシュに全国の城で採用されており、あるいは櫓門以上に近世の城門のなかではその代表的城門といえるのかも知れない。とくに枡形虎口《ますがたこぐち》の城外側の城門に高麗門を、城内側の城門を櫓門とする形式がもっとも普遍的な枡形門となった。

一方、鏡柱と控柱の上にひとつの切妻造《きりづまづくり》の屋根を載せた門を薬医門《やくいもん》と呼び、室町時代より武家屋敷の表門であったが、高麗門の出現により城門としてはほとんど用いられなくなってしまった。

埋門《うずみもん》は石垣の間に設けられた小規模な門であり、城にのみ認められる特異な門である。

城門の代表格となった高麗門

櫓門以外で、もっとも多く構えられたのが高麗門である。鏡柱《かがみばしら》と呼ばれる二本の本柱の上に冠木を架

大坂城大手門
大坂城大手枡形の城外側の二の門は嘉永元年（1848）に再建されたものであるが、本柱上に冠木を載せる古式の高麗門の形式を踏襲している。（加藤理文氏提供）

け、その上に切妻屋根を載せ、さらに鏡柱を支える控柱の上にも城門が開いたときに門扉を保護するために、切妻屋根が載る。上から見ると三つの小屋根がコの字状となっている。

俗説では、文禄・慶長の役に際して朝鮮半島より移入された門で、名称もそこからつけられたといわれている。しかし、朝鮮半島にはこうした構造の門はなく、あくまでも俗説に過ぎない。おそらく文禄・慶長の役のころに日本で薬医門を改良してでき上った新しい門と考えてよいだろう。慶長の築城ラッシュに全国を席巻する城門となった。

その使用場所は枡形虎口の二の門として利用される場合が圧倒的に多い。枡形門とは、城門のなかでもっとも発達した構造で、二つの門を構えて城内への直進を防ぐ虎口である。基本的には城内に構えられた門を一の門と呼び、櫓門が用いられる。そして城外側に構えられた門を二の門と呼び、ここに高麗門が用いられた。

戦国時代後半に急激に発達する虎口構造の到着点に位置する枡形に高麗門が構えられるということは、

高麗門の出現に枡形こそが大きな要因であったことを示している。つまり虎口の発達は普請《ふしん》という土木面だけではなく、作事《さくじ》と呼ばれる建築も大きく作用していたのである。屋根の面積が最小限となった高麗門では隠れる場所がほとんどなく、枡形に入った敵兵を周囲の多門《たもん》と櫓門から射撃できるわけである。このように高麗門は櫓門とともに城門の代表格なのである。

現存する高麗門の数々

現存する枡形としては、江戸《えど》城田安門《たやすもん》、清水門《しみずもん》、外桜田門《そとさくらだもん》、金沢《かなざわ》城石川門《いしかわもん》、大坂《おおさか》城大手門《おおてもん》、丸亀《まるがめ》城大手門がある。また、枡形は現存しないが、二の門の高麗門が現存する事例としては名古屋《なごや》城二之丸大手二之門、二之丸東二之門（本丸東二之門跡に移築）がある。さらに枡形ではない部分にも高麗門は用いられている。とくに姫路《ひめじ》城や伊予松山《いよまつやま》城に多用されている。そのなかで大変興味深い構造の高麗門が伊予松山城の戸無門《となしもん》である。その名のとおり戸（門扉）のない門であるが、開門した際に門扉を保護するための控柱上の小屋根まで載せている。なぜこのような門が構えられたのは定かではないが、敵を誘い込むために当初より戸を設けなかったといわれている。

ところで、高麗門は構造的に二種類に分類される。ひとつは鏡柱の上に冠木を載せる構造である。姫路城の高麗門や、名古屋城の高麗門がこの構造で、慶長年間に建てられたものがすべてこのタイプであることより、古式の高麗門タイプということができる。もうひとつは冠木を鏡柱に貫《かんぬき》状に差し込む構造となり、鏡柱が屋根までのびるため、冠木と屋根の間に小壁ができ、中央に短い束が立てられることとなる。江戸城の高麗門はすべてこのタイプで、金沢城の石川門や、丸亀城の大手門もこのタイプである。これらの高麗門は元和以降に建てられたものばかりであり、このタイプが新式の高麗門である。ただし、幕末に再建されている大坂城大手門や、伊予松山城は古式のタイプを踏襲している。

高麗門以前の薬医門

高麗門の出現以前の門として薬医門がある。鏡柱

名古屋城二之丸
東二之門

慶長17年（1612）ごろに建てられた創建当時の二之丸東二之門の背面。高麗門の特徴である控柱にも屋根の載る構造がよくわかる。この門は、戦後に現存の本丸東二之門跡に移築された。

名古屋城二之丸
大手二之門

名古屋城の二之丸大手二之門は現存する創建時の城門である。本柱上に冠木を載せる古式な高麗門で、慶長期の代表的な高麗門である。

丸亀城大手門

丸亀城大手門は一の門が櫓門、二の門が高麗門となる典型的な内枡形を形成している。その二の門は高麗門であるが、冠木を本柱の貫状に差し込む新式の形状となっている。

と控柱をひとつの屋根で覆う構造の門である。したがって高麗門にくらべると巨大な切妻屋根が載ることとなり、横からみると正面側のほうが屋根の出が長くなる。高麗門の出現によって旧式の薬医門は城門として用いられることがほとんどなくなる。

現存する薬医門は二条城《にじょう》二の丸鳴子門《なるこもん》、丸亀城御《ご》殿表門《てんおもてもん》、高松《たかまつ》城北の丸水手御門《みずのてごもん》、伊予松山城本丸二の門、宇和島《うわじま》城上《のぼ》り立《た》ち門《もん》、西条陣屋《さいじょうじんや》大手門、鹿島《かしま》陣屋本丸表門の七棟にすぎない。また移築されて現存するものとして水戸《みと》城橋詰門《はしづめもん》、岩槻《いわつき》城搦手門《からめてもん》、秋《あき》月《づき》城大手門がある。宇和島城の上り立ち門は宇和島城の搦手門に相当する城門で、建立は寛文年間（一六六一～七三）と推定される。間口二間、奥行き一間の小規模な門であるが、山麓より山上の曲輪《くるわ》に至る重要な門である。

城郭のみの埋門

埋門とは石垣の間や石垣に穴を空けて造られた小さな門である。石垣を利用した構造は、まさに城郭にのみ用いられた門であった。一般的には門の上部に土壁《つちかべ》を渡す構造となる。さらに石垣に空けた穴状の小規模な埋門は穴門《あなもん》と呼ばれている。狭い埋門は大軍が通れないようになっており、おもに裏門などに使われた。このため多くの城に埋門は構えられていたが、残された遺構はほとんどない。

大規模な上部に土壁を用いるものとしては二条城の二の丸西門、二の丸北中仕切門《きたなかしきりもん》、二の丸南中仕切《みなみなかしきり》門《もん》がある。小規模な穴門としては姫路「ほ」の門、水の三門、水の四門、「る」の門、高松城埋門、田辺《たなべ》城水門《すいもん》などがある。姫路城の「る」の門は三国堀《さんごくぼり》脇の目立たない場所に構えられた穴門で、菱《ひし》の門《もん》より城内に進入した敵を背後から衝く城兵を出すために構えられた門である。

城門にはこれら以外にも、控柱まで省略し、冠木の上に切妻屋根だけを載せた小規模な棟門《むねもん》や、長屋の間を門とした長屋門《ながやもん》、さらには屋根をも取り払い鏡柱と冠木だけの冠木門なども使われたが、それらはほとんど残されていない。

なお、高麗門では火矢や鉄砲に備えて鏡柱、門扉に鉄板を張り付けている。

伊予松山城戸無門

その名のとおり扉を設けない門であるが、控柱には開門時に扉を保護する屋根が載せられている。

金沢城石川門

金沢城の搦手口となる石川門も一の門を櫓門、二の門を高麗門とする典型的な内枡形虎口となる。その二の門は高麗門で、やはり冠木は本柱に貫状に差し込む形状である。

宇和島城上り立ち門

高麗門の出現により、旧式の薬医門はほとんど城門として用いられなくなり、その遺存例は極めて少ない。宇和島城の搦手となる上り立ち門はその数少ないものの代表である。

高松城水手御門
高松城の北の丸に構えられた水手御門は、直接海に面して開く城門である。写真は城内側より撮ったもので、薬医門の控柱の上に切妻の屋根が載る構造がよくわかる。

鹿島城本丸表門
鹿島城は正しくは鹿島陣屋と呼ばれる佐賀鍋島藩の支藩の居所である。その表門は朱色に塗られ、冠木には鍋島家の家紋である抱茗荷の金具が飾り付けられている。薬医門の数少ない遺存例のひとつである。

二条城二の丸西門
埋門石垣の間に門を構えるもので、城門にのみ認められる門構造である。二条城の二の丸西門は大形の埋門で、上部には土塀が渡されている。

姫路城「る」の門
姫路城の「る」の門は石垣を刳りぬいた構造で、埋門のなかでも穴門形式と呼ばれている。小規模で目立たないのは、菱の門より攻め入った敵を背後より衝くためである。

二条城桃山門
長屋の間を門とした構造を長屋門と呼ぶ。御殿の外周などに構えられたが、二条城の桃山門は曲輪の仕切りに用いられた極めて珍しい長屋門である。

姫路城「ち」の門
冠木の上に切妻の屋根だけを載せ、控柱を省略したもっとも簡素な門を棟門と呼んでいる。それだけに遺存例は極めて少なく、姫路城に三例が残るだけである。写真はそのうちのひとつ「ち」の門である。

藩の政庁であり城主の日常生活の場

御殿——構造と役割

御殿①

加藤理文

【二条城二の丸御殿】

近世に入り、平山城《ひらやまじろ》・平城《ひらじろ》が普及すると、城主が居住する御殿《ごてん》が城内に建てられることになる。城内に設けられた城主の住まいを御殿と呼ぶ。接客・対面・儀式等の政治面と同時に、平素の生活の場が設けられていた。中世城郭の場合は、戦闘の場であった城郭部と、生活や政治を行う居館部が分離する。居館部は、山麓部に設けられる場合や、城郭部から遠く離れた平坦部に求められる場合もあった。織豊《しょくほう》期《き》に至ると、この城郭部と居館部が合体し、城内に御殿が営まれるようになる。当時の御殿は、政庁でもあり藩主の居所でもあったため、広大な敷地を必要とした。大部分の御殿は本丸に建てられたが、敷地の関係で、やむなく二の丸や三の丸に建てられることもあった。

御殿建築は原則平屋建てで、玄関から左奥へ雁行《がんこう》（斜めに一棟ずつずらして配置すること）させていくのが本来の姿であったため、横へ横へと広がらざるを得なかった。

城内御殿の現存例は極めて少なく、大規模な現存は、二条《にじょう》城二《に》の丸御殿《まるごてん》のみである。その他として、川越《かわごえ》城（埼玉県川越市）本丸御殿の一部、掛川《かけがわ》城（静岡県掛川市）二の丸御殿、高知《こうち》城（高知県高知市）本丸御殿が現存する。

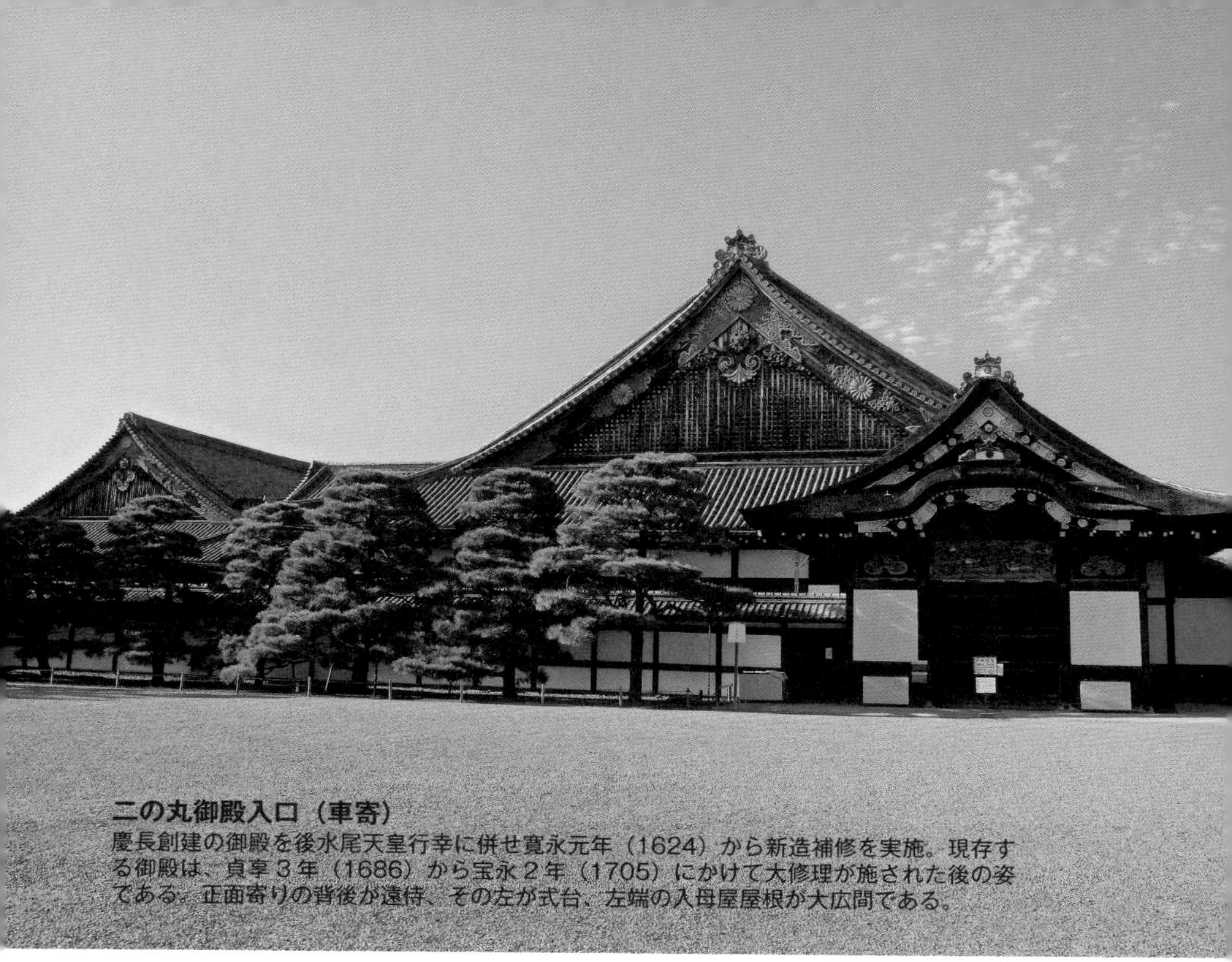

二の丸御殿入口（車寄）
慶長創建の御殿を後水尾天皇行幸に併せ寛永元年（1624）から新造補修を実施。現存する御殿は、貞享３年（1686）から宝永２年（1705）にかけて大修理が施された後の姿である。正面寄りの背後が遠侍、その左が式台、左端の入母屋屋根が大広間である。

　二条城二の丸御殿は、寛永元年（一六二四）、二年後の後水尾《ごみずのお》天皇行幸《ぎょうこう》のために、家康《いえやす》が築いた慶長創建の御殿を利用し大改造を施したもので、遠侍《とおざぶらい》・式《しき》台《だい》・大広間《おおひろま》・蘇鉄《そてつ》の間《ま》・黒書院《くろしょいん》・白書院《しろしょいん》で構成され、右手前から左奥へと雁行する原則が守られている。呼び名こそ二の丸御殿であるが、本来は本丸御殿として建てられたものである。

　行幸のための御殿造営に併せ本丸御殿が新造されたが、秀忠《ひでただ》と家光《いえみつ》の二人が同時に滞在する場合の備えであった。そのため、行幸終了後、表向の御殿を残しほかは撤去されている。

　ちなみに、武家諸法度《ぶけしょはっと》などの規制は、櫓《やぐら》や城門《じょうもん》という城郭《じょうかく》施設に限られ、生活の場である御殿は規制外で、新築・増改築が可能であった。

表御殿の役割

　御殿は、政治のための庁舎と、藩主のための住居であったため、多くの付属施設が必要とされた。政治的な役割を担う部分を表御殿《おもてごてん》（表向《おもてむき》）、居住の役割を担う部分を奥御殿《おくごてん》（奥向《おくむき》）と一般的に呼ばれ、建物も明確に区分されていた。

表御殿は、藩主が家臣たちと対面したり、幕府からの使者の饗応や、正月行事などの儀式や、客人の接客が行われたりした場所である。玄関、広間、書院が主な御殿構成であった。二条城は玄関を古名の遠侍と呼び、建坪三一〇余坪の御殿内最大の建物であった。八室からなり、諸大名の控えの間として利用され、奥の勅使《ちょくし》の間《ま》のみ天皇の勅使との対面が行われた。玄関近くの襖《ふすま》には、虎《とら》や豹《ひょう》が描かれ、将軍の権威を知らしめていたが、勅使の間は楓樹花鳥に檜《ひのき》と、優雅な題材が用いられている。

式台《しきだい》の間《ま》は、客を迎える部屋で、諸大名の要件の取次、献上品の受け取りが行われると共に、大名対面中の家来の控室でもあった。

広間は、城内での最高格式のある殿舎で、将軍と諸大名の対面の間でもある。二条城の大広間は、建坪二三七余坪で、六室から構成。主室は、一の間と二の間に分かれ、両室の境に框《かまち》を一本入れ、その分だけ一の間の床が高くなっていたため、上段之間《じょうだんのま》と呼ばれている。上段之間というのは、本来主室という意味で、床を一段高くしているという訳ではない。

書院は、広間とセット関係にある殿舎で、広間と書院を持って、表向きの諸行事をこなしていた。広間と比較して、通常書院のほうが小さく、後に広間を大書院《おおじょいん》、対面所を小書院《こじょいん》と呼ぶようにもなる。

広間と書院は共に対面施設であったが、対面する者の身分によって、対面場所が違うため、多くの部屋を必要としたのである。また、家臣が登城した際の控えの場としても使用されるケースが多かった。

これらの、公的殿舎には、遊興《ゆうこう》施設として、茶室《ちゃしつ》や能舞台《のうぶたい》が付設される場合も見られる。これら遊興施設は、主として饗応に使用された。二条城でも、後水尾天皇行幸に併せ、舞台や庭園脇に亭《あずまや》が建てられたが、行幸後に取り払われている。

奥御殿の役割

表御殿と奥御殿は、廊下等によって結ばれていたが、境には仕切りのための施設があり、簡単に行き来が出来る構造ではなかった。二条城も廊下によって両御殿が結ばれていたが、廊下は広く部屋と呼ぶ

二の丸御殿唐門
二の丸御殿入口の門で、御殿車寄（玄関）に入る正門である。切妻造で前後軒唐破風付の四脚門で屋根は桧皮葺である。慶長創建時に建てられ、行幸に併せ改修がされたと考えられている。

遠侍主室の勅使の間
21畳敷の上段之間と32畳敷の下段之間の2室からなり、襖は楓樹花鳥に檜が表現され、静寂のなかに清楚なイメージを醸し出している。また、床・違棚・帳台構を設け、格式を高めていた。西側一の間とを区切る襖には、竹林に虎が描かれていた。隣接する、二の間、三の間も竹林に虎と豹が描かれ、将軍の権威を示している。（京都市元離宮二条城事務所提供）

西より見た大広間、式台と遠侍
二の丸庭園から見ると、雁行の様子がよくわかる。奥の遠侍は、建坪310余坪の規模を誇る城内一の大建築で、内部8室からなり、諸大名の控えの間であった。左端が大広間、中央式台は、南側の広い部屋（式台の間）と北側の3室（老中一の間・二の間・三の間）からなる。

べき規模を有し、杉戸に蘇鉄《そてつ》の絵が描かれているため、蘇鉄の間と呼ばれる。

奥向きは、城主が生活するための私的空間で、奥御殿が中心建物となる。これに付属して、休息所や居間、寝所《しんじょ》が設けられていた。当然、城主夫人達のスペースや、城主に従える女官の住居も併設されていた。江戸城のように、まったく別棟とし大奥《おおおく》とするケースは例外である。また、城主一族のための、湯殿《ゆどの》や便所、土蔵《どぞう》などの日常生活に欠くことの出来ないスペースは、当然確保されていた。奥向きには、庭が設けられ、また表とは異なる茶室等の遊興施設も完備されていた。

二条城の奥御殿は、私的な対面の場に使用された黒書院と、最も奥に設けられた将軍の昼の休息所兼夜の寝所として利用された白書院で構成される。黒書院は、大広間より一回り規模は小さい。五室からなり、主室（一の間）は二四畳半で、南側に三一畳半の二の間が繋がっている。主室の床には老松に柴垣《がき》や紅梅《こうばい》を描き、右手角に二つの違い棚を鉤型《かぎがた》に設ける特徴的な造りとなっている。白書院は、二の丸御殿の最奥に位置する将軍のための私的空間であった。主室の一の間の構造は、大広間と同様であるが、内法《うちのり》高さや天井高さは大広間より低くし、柱や長押《なげし》も細くなっている。また、障壁画《しょうへきが》も淡彩の山水画《さんすいが》であるため、全体的に極めて落ち着いた雰囲気を醸し出している。

御殿の殿舎の中で最大の建物の一つが台所《だいどころ》であった。内部は、調理に使われる土間と、広い板敷からなるのが通常で、極めて実用的な建物であった。二条城では、遠侍の北に置かれ、台所本体と御清所《おきよどころ》の二棟からなっていた。天井は張らずに巨大な梁がそのまま見える料理のための建物である。付廊下《つけろうか》によって表御殿と接続し、調理から盛り付け配膳が行われていた。内部は、広い土間《どま》と板間《いたま》が特徴で、かつては土間の一角に竈《かまど》と流しがあった。寺院も含め、台所としては屈指の大きさを誇る。御清所は、台所の南に続く建物で、往時は「御料理間《おりょうりのま》」と呼ばれていた。四畳の大きさの囲炉裏《いろり》があり、料理を温めたり調理したりしていた。台所と御清所がともに現存しているのは、二条城が唯一である。

式台の間を見る
遠侍と大広間の間に位置する式台は、南側の式台の間と北側の三室（老中一の間～三の間）からなる。廊下に面した式台の間の襖絵は、松が主題で、巨大な松が長押の上まで伸びる構図で、狩野探幽作と伝わる。（京都市元離宮二条城事務所提供）

大広間、一の間・二の間（将軍対面の場）
将軍と諸大名の対面は、ここで行われた。上段の間中央に将軍、右手には刀小姓が常に従えていた。慶応３年（1867）15 代将軍徳川慶喜はこの部屋に老中をはじめ、京都守護職松平容保･京都所司代松平定敬らの首脳陣を集め「大政奉還」の決意を告げ、翌日、在京する 40 藩の主だった者に告げた。（京都市元離宮二条城事務所提供）

二の丸庭園（特別名勝）と黒書院
江戸時代は小広間と呼ばれ、大広間より内向きの対面（親戚筋大名など）に使用された。二の丸庭園は、雁行して並ぶ二の丸御殿の西側一帯に広がる池泉庭園で、大広間の上段一の間から眺めることを前提として作庭されている。四方八方から鑑賞できることから「八陣の庭」とも呼ばれている。

北より望んだ二の丸庭園
二の丸庭園は、大広間一の間からの眺めを第一に作庭され、御殿の高い床から見ても映えるように構成されていた。池中の島とおびただしい数の石が、縦横に配され正面奥の滝へと視線を導く工夫が凝らされていた。

裏方用の諸施設

これらのスペースとは別に、裏方部分の施設も付設されていた。裏方部分とは、藩士や家中の者が勤務したり、食事や雑用をまかなったりする多勢の御殿女中たちのための施設の総称である。番所《ばんしょ》、様々な役職を持った家中の者の仕事部屋、料理部屋、台所、物置等があった。奥に勤める多くの女中達の住む建物は長局《ながつぼね》と呼ぶ長屋で、通常奥御殿と廊下で結ばれていた。長局は、多数の住戸を並べて一棟の長屋としたもので、二条城では、これらの建物群を、二の丸御殿と本丸の北側、本丸の西側と南側に隙間なく建て並べていた。

二の丸庭園は、家康の築城時に造営した庭を基本とし、天皇の行幸にともない小堀遠州《こぼりえんしゅう》によって改修が施された。当初は、二の丸御殿から眺めることを前提としていた庭を、西側の長局、南側の行幸御殿と中宮御殿からも鑑賞できるように作庭し直し、池の南岸に庭を眺める釣殿《つりどの》の御亭《おちん》が新たに設けられた。

現在、大広間の障子が閉ざされ、殿上から庭を眺めることは出来ない。往時大広間からは、池や中島の周囲に配置された数数の大きさの石を使用した庭の借景《しゃっけい》に伏見城から移築された五重天守《てんしゅ》や隅櫓が見えたという。庭のダイナミックさと相まって圧倒的な存在感であったに違いない。

御殿の名称と建替

御殿は、その建てられた場所によって、本丸御殿、二の丸御殿、三の丸御殿というように総称された。中には、西の丸御殿とか紅葉山《もみじやま》御殿とかいう、隠居した城主のための御殿等も存在した。本丸御殿が最も格式が高く、次いで二の丸御殿というわけではなく、時代と共に、より便利な場所へと移動したのである。御殿の増改築が頻繁に実施されたのは、御殿が城内の建築物ではあったが、藩主の住居であるため城郭建築としては扱われず、天守《てんしゅ》や櫓《やぐら》のように武《ぶ》家諸法度《けしょはっと》の規制を受けなかったからである。焼失や老朽化、城主交替等により、自由に御殿の新築・増改築が可能であったため、各藩は幕末に至るまでにかなり御殿の建て替えを実施している。

黒書院一の間

大広間と蘇鉄の間（板敷の大廊下）で繋がる黒書院は、政務や内向きの対面などに用いられた建物で、大広間に比較すれば一回り程規模は小さいため小広間とも呼ばれる。障壁画は、一の間が老松に柴垣と紅梅、二の間には満開の八重桜やたんぽぽ・すみれ・紅白のツツジが描かれている。（京都市元離宮二条城事務所提供）

白書院一の間

白書院は、二の丸御殿の最奥に位置し、将軍の私的空間であった。主室の一の間は、大広間と同様、床·違棚·付書院·帳台構を備え、格式の高さも同様である。室内に描かれているのが、淡彩の山水画や花鳥図という風流な題材であるため、落ち着いた雰囲気を醸し出している。建物の性格により、描く絵を工夫していた様子が見て取れる。（京都市元離宮二条城事務所提供）

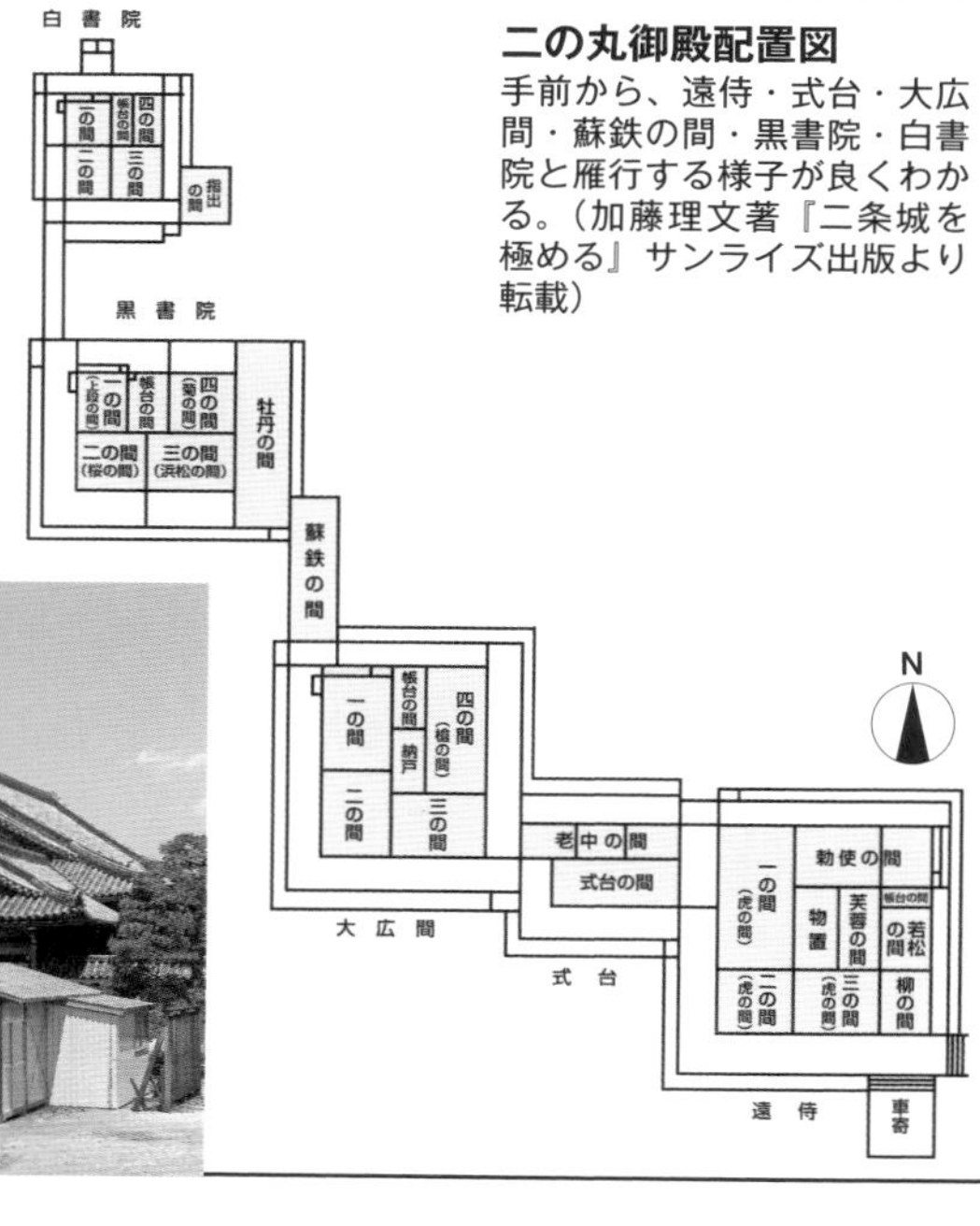

二の丸御殿配置図

手前から、遠侍・式台・大広間・蘇鉄の間・黒書院・白書院と雁行する様子が良くわかる。（加藤理文著『二条城を極める』サンライズ出版より転載）

御清所と台所

手前が御清所、奥が台所。台所内部は広い土間と、板敷の広間（板間）、御膳所、囲炉裏の間などが設けられ、中２階に見張台もあった。料理のための建物で付廊下によって御殿と接続する。

全国で四城にしか残っていない、現存天守よりも希少な城郭の御殿

御殿

御殿②

【高知城・川越城・掛川城ほか】

中井 均

現存する天守《てんしゅ》は十二しか残っていない。御殿《ごてん》については、さらに少なく、城郭《じょうかく》に限るとわずかに四城にしか残っていない。城郭の遺構として御殿は、天守よりも残存数が少ないのである。とくに慶長年間の壮麗な御殿は、二条城《にじょう》の二の丸御殿が唯一のものである。

高知城《こうち》の本丸御殿は延享四年（一七四七）に、掛《かけ》川《がわ》城の二の丸御殿は文久元年（一八六一）に、川越《かわごえ》城の本丸御殿は嘉永年間（一八四八〜五五）に、それぞれ再建されたものである。江戸時代中期と幕末の造営で、藩の財政は逼迫しており、華麗な御殿を造営することはできなかった。いずれも質素な造りとなっている。

高知城では藩主が居住する御殿は二の丸に構えられており、本丸御殿は特別な儀式のときにのみ用いられた。しかし対面所としての機能は維持され、雪《せっ》隠《ちん》や御茶所《おちゃどころ》も本丸御殿に設けられていた。一方、川越城では最後まで本丸に御殿が置かれ、掛川城では二の丸に移ってしまう。

戦闘も意識した御殿
【高知城】

江戸時代に建てられた御殿で、現存するものはわずか四城に過ぎない。とくに城郭建築がもっとも完

川越城本丸御殿
幕末に再建された本丸御殿で、玄関は銅板葺の大唐破風の堂々たる構えを見せるが、残されているのは1025坪のうちのわずか165坪に過ぎない。（加藤理文氏提供）

成した慶長年間に造営された御殿に限ると二条城の二の丸御殿が唯一といってよい。ほかの三城の御殿は江戸時代中期と幕末に再建されたもので、華麗さはまったくなく、質素な造りのものばかりである。

　高知城の本丸御殿は慶長六年（一六〇一）に山内一豊《やまうちかずとよ》によって造営が開始されたが、その後、享保十二年（一七二七）に天守とともに焼失してしまう。ただちに再建に着手されるが、その再建にあたっては藩祖一豊の造営した天守と御殿を元通りとする、復古式《ふっこしき》とされた。再建された本丸御殿は、解体修理の際に発見された墨書《ぼくしょ》により、延享四年から寛延二年（一七四九）にかけて造営されたことが判明している。

　本丸御殿は懐徳館《かいとくかん》と呼ばれ、天守の西南に位置し、玄関となる式台廻《しきだいまわ》りと、書院《しょいん》の正殿《せいでん》、さらに納戸蔵《なんどぐら》から構成される、極めて小規模な御殿である。正殿は南面し、上段の間、二の間、三の間、四の間、御茶所、西廊下、三畳間が二間、雪隠、納戸、北入側《いりがわ》、天守取合《とりあい》の間《ま》、東入側及び南入側と、東南面外廻縁側から成る。また、式台廻りは玄関、溜《ため》の間《ま》、式台の間、四畳の間、九畳の間から成る。現在、国の重要文化財に指定されている。

　高知城には本丸御殿のほか、二の丸、三の丸にも御殿が造営されており、二の丸御殿は藩主の住まいと女中たちの住まいとなっている。三の丸御殿は藩庁として藩政の執務を行う建物であった。つまりこの二つの御殿が城郭御殿としての機能を果たしており、ほかに御殿は必要ないはずである。では、本丸御殿にはどのような機能があったのであろうか。

　高知城の本丸は二の丸との間に堀切《ほりきり》を設けて廊下《ろうか》橋《ばし》で結ばれているが、極めて独立性の高い曲輪《くるわ》として築かれている。こうした本丸の配置は最後の防御空間となる詰丸《つめのまる》として築かれたことがわかる。面積は狭いが天守と戦闘時の住居として本丸御殿が設けられたのである。このため普段使用されることはなく、藩の特別な儀式の際のみ使用された。一豊入国直後は領国支配も不安定な時期であり、こうした詰丸に御殿が構えられたのである。

　同様の事例として、本丸に天守と御殿の構えられたのが彦根《ひこね》城である。慶長九年（一六〇四）に大坂《おおさか》城に対して築かれた彦根城もまた、山上部の本丸が詰として意識され、小規模な御殿として御広間《おんひろま》が構えられていた。その後、山麓に表御殿《おもてごてん》が構えられると、山上の御広間は利用されることはなかった。

居住・執務のための御殿【川越城・掛川城】

　こうした詰としての本丸御殿ではなく、居住空間として本丸に御殿が構えられて現存するのが川越城の本丸御殿である。寛永十六年（一六三九）に松平《まつだいら》信綱《のぶつな》が川越に入城すると大改修を行い、近世城郭として完成する。江戸時代の初期には二の丸に御殿が構えられていたが、弘化三年（一八四六）に焼失したため、本丸に新たな御殿が造営されることとなった。これが現存する本丸御殿で、松平斉典《なりつね》が嘉永元年（一八四八）に造営したものである。その総坪数は千坪を上回り、十数棟から構成される大規模な御

高知城本丸御殿
詰丸として築かれた本丸であり、御殿も式台廻り、正殿、納戸蔵で構成される小規模なものである。藩主は普段二の丸御殿に居住していた。

高知城本丸御殿上段の間
高知城の本丸御殿は普段は使用されておらず、特別な儀式のみに用いられた。上段の間は藩主の対面所であり、床、違棚、付書院、帳台構が配置される格式の高い書院造となっている。

高知城本丸御殿
武者溜内部
上段の間の脇には武者溜が備えられていた。写真はその内部。

殿であったが、現存するのは玄関、広間を中心とし、坊主当番所《ぼうずとうばんしょ》、坊主部屋などの一画が残されているに過ぎない。現在、埼玉県指定有形文化財に指定されている。

その構造は、桁行《けたゆき》十九間、張行《はりゆき》五間の規模で、東面には唐破風造《からはふづくり》の玄関が配置されている。ここには六室が設けられており、北から鎗之間《やりのま》、廣間《ひろま》、使者《ししゃ》之間《のま》、使番詰所《つかいばんつめしょ》、番抜老躰詰所《ばんぬけろうたいつめしょ》、物頭詰所《ものがしらつめしょ》から成る。

本丸御殿の北西隅部には老中《ろうじゅう》や家老《かろう》の詰所があったが、明治維新後に移築され、昭和六十三年（一九八八）に本丸御殿背後の現在地に再移築されている。

掛川城の二の丸御殿は、前身の御殿が嘉永七年（一八五四）の地震で倒壊したため、文久元年に再建されたものである。七棟が一つに連結し、二十数部屋から構成されている。現在は国の重要文化財に指定されている。

その構造は表御殿、中奥《なかおく》、奥御殿《おくごてん》と、諸役所から成り、表御殿の正面に玄関、御広間、御書院、鎗の間があり、藩主謁見《えっけん》の間であった。中奥は藩主の常の住居であり、これに続く諸役所は側用人、奉行《ぶぎょう》、目付《めつけ》などの執務室となっている。

復元が進む御殿

近年、天守の復元だけでなく、御殿復元も行われている。その嚆矢《こうし》となったのが篠山《ささやま》城二の丸御殿大書院である。天下普請《てんかぶしん》によって慶長十四年（一六〇九）に築かれた篠山城には二条城の御殿に匹敵する華麗な御殿があったが、昭和十九年（一九四四）に焼失してしまった。多くの写真資料や絵図、発掘調査の成果から平成十二年（二〇〇〇）に木造によって再建された。

平成二十年（二〇〇八）には西南戦争によって焼失した熊本《くまもと》城の本丸御殿が、平成二十五年（二〇一三）には昭和二十年の空襲によって焼失した名古屋《なごや》城の本丸御殿の一部が、平成三十年（二〇一八）には名古屋城の御殿のすべてが復元された。いずれも木造で忠実に復元されているが、名古屋城の場合、空襲によって焼失した記憶を忘れないためにも復元はすべきではなかったのではないだろうか。失われた歴史も大切にすべきである。

川越城本丸御殿
家老詰所
本丸御殿の奥に配されていた家老詰所は、明治維新後に移築されていたが、昭和63年（1988）に本丸へ再移築された。ただ、詰所が本来建てられていた場所ではない。

川越城本丸御殿
家老詰所内部
本丸御殿の奥に備えられていた家老の詰所は質素な造りとなっている。

川越城本丸御殿大広間
現存する本丸御殿は6部屋にすぎない。式台をあがった正面には間口6間、奥行き3間の36畳敷の大広間が配されている。

陣屋の御殿

ところで、城郭の御殿は四例しか残されていないが、無城主格大名の居所である陣屋《じんや》に範囲を広げると、前田家一万石の七日市《なのかいち》陣屋や、織田家二万石の柏原《かいばら》陣屋で、ほぼ原位置に御殿の一部が残されている。

また、織田家一万石の芝村《しばむら》陣屋の御殿が橿原神宮《かしはらじんぐう》に移築されて残されている。駿河の小島《おじま》陣屋の御殿も一部移築されて現存しているが、現在陣屋跡の整備が進められており、御殿も元の位置に再移築される予定である。

さらに、交代寄合《こうたいよりあい》の旗本《はたもと》陣屋では小笠原家の伊豆木《いずき》陣屋の書院が現存し、国の重要文化財に指定されている。

市橋家一万七千石の近江仁正寺《にしょうじ》藩陣屋の御殿は大正初年まで陣屋に残されていたが、その後に京都相国寺《そうこくじ》の塔頭林光院《りんこういん》に移築されて現存している。この御殿は幕末に造営されたもので、それ以前の陣屋御殿は解体され、清源寺《せいげんじ》などの寺院に移築された。

掛川城二の丸御殿玄関
玄関の蛙股には太田氏の家紋である桔梗紋が据えられている。この玄関は藩主と城代のみが用いたもので、藩士は別に設けられた玄関や土間から出入りした。

掛川城二の丸御殿
幕末に再建された掛川城の二の丸御殿は、7棟の建物から構成されており、表御殿、中奥、役所などが完存する唯一の御殿である。

名古屋城本丸御殿（復元）
二条城二の丸御殿とともに慶長期の城郭御殿の双璧といわれた名古屋城の本丸御殿は、昭和20年（1945）に空襲で焼失してしまった。その復元工事が平成21年（2009）より始まり、平成30年（2018）に完成した。

篠山城二の丸大書院（復元）
慶長14年（1609）に天下普請によって築かれた篠山城にも壮大な御殿が営まれていた。その中心に備えられた大書院は昭和19年（1944）に焼失してしまったが、平成14年（2002）に木造で再建された。

七日市陣屋御殿
天保14年（1843）に再建されたもので玄関と御殿の一部が残されている。ただし、昭和初年に東向きであったものが北向きに変えられている。（加藤理文氏提供）

柏原陣屋御殿
文政3年（1820）に再建されたもので、檜皮葺の玄関、桟瓦葺寄棟造りの表御殿が残る。近年瓦が葺き替えられ整備されている。

曲輪の縁辺部に延々と続く、もっとも多用された防御施設

塀――土塀・板塀・築地塀・練塀

【熊本城・伊予松山城・備中松山城ほか】

加藤理文

全国の近世城郭で、もっとも多用された防御施設が土塀《どべい》である。どの城においても石垣《いしがき》や土塁《どるい》上には延々と土塀が続いていた。平均的規模を持つ城の土塀の総延長は千間程で、大城郭となれば、その二倍、三倍は有に超えることになる。

中世城郭では、塀は主要部以外に用いられることなく、ほとんどが木柵で対応していた。そのため、いざ戦闘になると二重、三重の木柵を構えたり、前面に逆茂木《さかもぎ》を置いたりして敵の侵入を防がなければならなかった。

近世に入り、石垣が普及すると、石垣上に土塀を配すことで防御機能は格段に向上した。土塀は、鉄砲の貫通を防ぐとともに、外部からの見通しを遮断するという優れた機能を持ち合わせていた。さらに、多門櫓《たもんやぐら》に比べれば防御構造は劣るものの、費用は大幅に削減でき、施工期間も著しく短縮可能だ。併せて、建物間の隙間を埋めるに極めて便利でもあった。一メートルにも満たない建物間の隙間に土塀を配すことで、完璧な防御が可能となったのである。

塀は、防御以外に曲輪《くるわ》内の仕切りのために用いられたものもあった。土塀以外に、板塀《いたべい》なども存在し

熊本城長塀
現存最長の土塀で、坪井川に沿って平御櫓下から馬具櫓下まで、長さ252 mを測る。西南戦争で被災し、再建された時に、狭間と石落が失われてしまった。表側は、大壁造で下見板張となる。

たが、近世における主流は土塀である。親柱を持たない築地塀《ついじべい》や練塀《ねりべい》も見られるが、近世城郭でもっとも普及した塀は、木の親柱を等間隔に立て、その間に土壁を塗籠《ぬりご》めた土塀である。

塀とは

本来は、「屛」の字を使用し、蔽《おおい》の意味があった。門の内側や外側に目隠しを目的に建てた垣《かき》のことで、目隠しの場合、板を張ることが多く、板塀を塀と総称することもある。板の代わりに割竹や杉皮が張られた塀もあった。城に用いられた塀は、防御施設として塁線上に築かれたものがほとんどだが、曲輪内部の仕切りを目的に設けられたものも存在する。外部からの侵入を防ぐとともに、内部の状況を隠すことが目的であった。城の塀は、土を塗籠めた土塀が主流で、塀とは土塀を指している。

中世の塀

中世の塀は、現存例はなく、記録や絵画資料から推定するほかない。南北朝の動乱を描いた『太平記《たいへいき》』

には、楠木正成《くすのきまさしげ》が籠城《ろうじょう》し幕府軍を迎え撃った赤坂《あかさか》城で、内外二重の土塀を掛け、外側の塀は縄で吊ってあったという。寄手《よせて》の軍勢が塀に取り付き、城内へと入ろうとした時に、吊り縄を切って塀を落とし、千人余を打ち取ったという。また、『十二類合戦絵詞《じゅうにるいかっせんえことば》』には、丸太の柱を建て、竹の小舞《こまい》を骨組みとして土壁を塗った土塀が描かれ、そこには狭間《さま》が開けられている。規模や形状こそ異なるが、近世城郭に用いられた土塀と同様の構造が、すでに中世段階で出現していたのである。

近世の土塀

近世城郭の大きな特徴は、石垣が採用されたことである。石垣の採用によって、城内の建物は大きく変化し、ほとんどが礎石《そせき》建物となった。当然土塀も石垣上に構築されるようになり、土台を持つことになった。石垣の縁に沿って、木の土台を渡し、その上に五尺から一間程度の間隔で主柱（親柱《おやばしら》）を立て、その後方には控柱《ひかえばしら》を立てて転倒を防止していた。主柱の頂部に腕木《うでき》を通して、塀の表裏に渡した出桁《だしげた》を受け、それによって屋根を支えるのである。屋根は、瓦葺《かわらぶき》が多いが、寒暖差の激しい地域では板葺《いたぶき》が用いられた。主柱の間は、竹や木で小舞を編み、土壁を塗るが、鉄砲の普及後は厚さを増すこととなった。

控柱との接続方法は二種類で、垂直な場合は、貫《ぬき》という棒状の材を渡して支えるが、貫を使わず、控柱を主柱に直接斜めに傾けて立てかけて支える方法も見られる。主柱は、土塀内にあるため腐ることはないが、控柱や貫は雨ざらしとなるため、十年前後で取り換えなければならなかった。そこで、石製の控柱や、金属板で覆ったりするなどの改良が施されることになる。熊本《くまもと》城や伊予松山《いよまつやま》城に残る土塀は、改良後の土塀で工夫を凝らした様子を伝えている。

時代が下ると、木の土台を使用しないで、切石《きりいし》の延石《のべいし》（棒状の石）を基礎に使った城も出てくる。徳《とく》川《がわ》大坂《おおさか》城や江戸《えど》城に見られる。また、土台を使わず主柱を礎石上に直に立てることもあった。これは、土塁上に配された土塀に多い。

主柱や控柱を使用しない土塀も存在する。石垣上に粘土《ねんど》の塊を積み上げ整形し、仕上げに土壁を塗っ

志波城（岩手県盛岡市）の復元外郭築地塀

発掘調査により、外郭南辺築地塀の基底部の一部が残存していることが確認され、「延喜式」などから高さが推定し復元された。基底幅 2.4m、高さ 4.5m、1 スパン 6m とし版築による土塀を、外郭南門の両脇 252 m にわたり復元している。

伊予松山城仕切門東塀内側

石垣上に土台を渡しその上に主柱を立てた土塀。表裏ともに大壁造だが、外側は天守に合わせ下見板張とし、内側は漆喰総塗籠となる。控柱は、主柱に立て掛けて支える形式で、雨水が当たる部分のみ石製としている。突出部は石落になる。

備中松山城土塀

厩曲輪東端の現存土塀。石垣上に、主柱も控柱もなく単独で立つ築地塀で、粘土の塊を積み上げ整形し、仕上げに土壁を塗ったものである。そのため、極めて厚みのある姿であった。狭間は丸が鉄砲、長方形が矢狭間用である。

姫路城「は」の門南側の土塀

姫路城がもっとも土塀の現存する城である。「は」の門手前の土塀は、通路に沿って設けており、ここから「い」の門を潜って侵入した敵に対し集中砲火浴びせることになる。黒澤明監督の映画『影武者』の野田城から信玄を射撃するシーンは、ここで撮影された。

たもので、備中松山《びっちゅうまつやま》城に現存する。また、古瓦や石と粘土を交互に積んで造った練塀、古代の宮殿や役所に用いられた築地塀もそのひとつである。骨組みがないだけに丈夫ではあるが、施工にあたって手間と時間と費用がかさむことが難点であった。

さまざまな土塀

土塀の形状はさまざまで、城ごとに違った姿を見せる。一般的な土塀は、表からも裏からも主柱が見えないように土壁を塗籠める大壁造《おおかべづくり》であったが、裏側は簡略化し主柱を見せる真壁造《しんかべづくり》となることもあった。現存最長を誇る熊本城長塀《ながべい》がその例である。櫓《やぐら》や天守《てんしゅ》の外壁と同様に、土壁の表側の腰部分に下見《したみ》板《いた》を張る土塀と、総塗籠《そうぬりごめ》となる土塀が多いが、金沢《かなざわ》城のように海鼠壁《なまこかべ》とする例もあった。風雨から土壁を守ることを考えれば、下見板張が有利であるが、姫路《ひめじ》城のように総塗籠の天守や櫓が林立する城に土塀のみ下見板とするわけにもいかず、景観と美観の観点から総塗籠とせざるを得なかったということも考えられる。ただし、小藩にあっては、本丸のみ総塗籠とし、二の丸以下は下見板張を導入しているケースも見受けられる。下見板も通常は横張《よこばり》となるが、高知《こうち》城追手門土塀は縦張《たてばり》が採用されている。

土塀のほとんどには狭間が切られており、鉄砲狭間二〜五に対し矢狭間一の割合で配される。大坂城・岡山《おかやま》城・江戸城では、土塀下の石垣の天端石《てんぱいし》を半月形に刳《く》り込んで狭間とした笠石銃眼《かさいしじゅうがん》（石狭間《いしざま》）が配されていた。狭間のみの土塀は視界が狭く、敵方を見通すことができない。そこで土塀に物見窓《ものみまど》を設けたり、控柱との間に板を渡し、簡易的な物見台としたりしていた。もっとも効果的な方法は、出窓を設けることである。金沢城では、唐破風造の屋根を持つ大型出窓を要所に配すことで、防備を強固にしていた。さらに、橋爪門《はしづめもん》脇には土塀上に鶴《つる》の丸《まる》出窓と呼ばれる櫓が構えられていた。門の見張りを兼ねた施設であろうが土塀の持つ死角の悪さを補うもっとも効果的な方法であった。

長い土塀の場合は、要所に石落《いしおとし》が配されていた。土塀は城壁の防衛としてもっとも多用されただけに、さまざまな工夫が凝らされたのである。

弘前城土塀

追手門の脇の土塁上に残る土塀。土塁上に等間隔で礎石を配し、そこに木の土台を敷いて、その上に土塀を立てていた。土塁上に設けられた土塀の様子を伝えている。

小田原城銅門土塀の構造模型

土の収縮や乾き具合などを確認するために造られたもので、壁の内部構造が良くわかる。塀を造る際には、竹を縛って格子状にしたところに土を何重かに塗っていき、最後に真っ白な漆喰で塗り上げた。

大坂城本丸大手門脇の土塀

高麗門脇に設けられた土塀で、土台には延石を使用する。当時の最新式で、内外ともに大壁造となる。土塀にも狭間が設けられているが、土塀下の石垣の天端石を半月形に刳り込んで狭間とした笠石銃眼（石狭間）も配されていた。外からだと、狭間があることすらわからない。

特殊な土塀

姫路城の水一門《みずいちもん》と、ほの門の間に二間分のみ設けられた通称「油壁《あぶらかべ》」は、真っ白な壁が続く中にあって、茶色いだけでなく他の土塀より建ちが高く、異彩をはなっている。壁土を一層ずつ突き固めて積み上げた築地塀で、壁土に油を混入したとか、餅米の煮汁を混入したとかいわれている。同じく姫路城はの門東方土塀に石落が設けられているが、その背後に土塀の屋根を少し葺き下ろしただけの小庇《こびさし》（塀庇《へいびさし》）が見られる。籠城時に足軽《あしがる》がここに居住したといわれるが、あまりに狭く真偽の程は定かではない。

名古屋城二之丸北面には、「南蛮練塀《なんばんねりべい》」と呼ばれる、粘土と砂利や砂、石灰や糊《のり》、種油《たねあぶら》などを混ぜて練り、叩き締めて固めた練塀の下部が残存している。狭間も開けられており、往時は屋根も架けられていた。このほか、名古屋城には史上最強の土塀・剣塀《つるぎべい》も存在していた。土塀の軒下に長さ一尺余りの槍の穂先を並べたもので、忍返《しのびがえし》の目的があった。天守付近にのみ設けられていたが、戦災で焼失してしまった。

姫路城油壁（築地塀）
最下部はレンガ状の粘土の塊を置き、その上から1段ずつ丁寧に突き固める「版築」で築かれたため壁に横縞が残っている。高さは約2.8mと高く、底部の厚さは約1.2mにもなる。水ノ一門の袖塀であったため、高く頑丈な壁にしたと思われる。

姫路城の骨組みの無い土塀
姫路城の土塀のほとんどは、白漆喰で塗籠められた分厚い壁の土塀で、そこに△□○などの狭間が切られていた。帯郭櫓北方の土塀の城内側に、極めて珍しい控壁が付いた箇所がある。

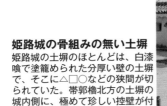

高知城本丸の土塀
土塀の持つ死角の狭さをカバーするため、土塀上部に覗き窓が配されていた。覗き窓は、敵方を監視するだけでなく狭間としても利用された。大きく開いているだけに、弓も鉄砲も利用可能である。石落も設けられ、防備を強固にしていた。

金沢城の復元された土塀
復元された鶴の丸出窓と土塀。土塀は海鼠壁が採用されており、狭間の代わりに要所に唐破風造の屋根を持つ大型出窓が配されていた。土塀上に設けられた櫓状の鶴の丸出窓は、死角の確保とともに、門に横矢を掛ける目的があった。

名古屋城南蛮練塀
二之丸北面に一部現存する土塀で、柱や厚板を用いず、粘土と砂利を石灰や油で練り固めて造られた築地塀の一種。鉄砲を撃つために鉄砲狭間だけが円形に開けられている。廃城時から、野ざらしとなっていたため、屋根は失われ、土塀も崩れてしまった。

名古屋城の復元された剣塀
史上最強の土塀との評価がある。名古屋城では、本丸不明門両脇と、天守と小天守を結ぶ橋台に設けられていたが、戦災で全て失われた。軒下に槍の穂先を並べた姿は壮観で、当初は研ぎ澄まされた槍先が光輝いていたと『金城温古録』に記されている。

現存のものはとても貴重で、必見！ 城での生活に欠かせない基本設備

蔵・厩

【彦根城・大坂城・二条城ほか】

中井 均

城郭にはさまざまな倉庫が建ち並んでいた。その代表的なものが米蔵《こめぐら》である。兵糧米《ひょうろうまい》が備蓄されていたほか、年貢米や囲い米などの保管にも用いられており、彦根《ひこね》城では幕府の預り米を保管する米蔵が内堀内にびっしりと十六棟建ち並んでいた。こうした米蔵は明治維新後、ことごとく取り壊され、現在では二条《にじょう》城にわずかに三棟残されているにすぎない。

また城郭施設として米蔵以上に重要な武具蔵《ぶぐぐら》は、宇《う》和島《わじま》城に移築されて残るものなど二棟となっている。火薬を貯蔵していた焔硝蔵《えんしょうぐら》、年貢金《ねんぐきん》を収めた御金蔵《ごきんぞう》はそれぞれ一棟が大坂《おおさか》城に残されているにすぎない。その焔硝蔵は火災を防ぐため、花崗岩《かこうがん》による石造建築であった。

倉庫とともにどこの城にも設けられていた施設に厩《うまや》（馬屋）があるが、現存する厩は彦根城に一棟が残されているだけである。この厩は平面が矩折《かねお》り状の長屋《ながや》で、長屋門と番所が付属し、内部には二十一室が備えられていた。

米蔵――城郭に不可欠な食糧庫

近世城郭は元和偃武《げんなえんぶ》以降、戦う城から藩の政庁機能へと変化する。そのため、さまざまなものを保管

彦根城厩

日本で唯一現存する厩で平面はＬ字状の矩形を呈し内部は21室からなり、馬立場、馬繋場と管理用の小部屋が設けられていた。

する蔵が数多く建てられるようになる。もちろんそのなかでもっとも数多く建てられたのが米蔵である。戦時を想定して兵糧米を貯蔵する米蔵、幕府からの預り米を保管する米蔵、飢饉の際に供出する囲い米を保管する米蔵などが備えられていた。

彦根城では本丸の西側山麓の帯曲輪《おびぐるわ》にびっしりと十六棟もの米蔵が備えられており、幕府の預り米二万石が保管されていた。また、天守のない城でも米蔵は必ず存在した。ところが明治維新後、ことごとく解体されてしまい、現存する米蔵は二条城にわずかに三棟認められるにすぎない。そのうちの一棟は二の丸御殿を囲う塀の代わりに長屋として築かれたもので、中央には長屋門が構えられていた。二棟は内堀の西側に建てられており、いずれも二つの戸口を設けた二戸前の入母屋造《いりもやづくり》の細い土蔵《どぞう》で、外壁は白《しろ》漆喰《しっくい》の塗籠《ぬりごめ》とし、一棟は一七間、一棟は一八間の規模である。

なお、松阪《まつざか》城の御城番屋敷《ごじょうばんやしき》の一画にある土蔵は、城内の隠居丸《いんきょまる》で米蔵として使用されていたもので、江戸時代末期に建てられた、切妻造《きりづまづくり》平屋建の建物である。明治初年に払い下げられ、現在地に移転されたものである。

さらに淀《よど》城では、東曲輪に建ち並んでいた米蔵跡の一棟が、発掘調査によって検出されている。

武具庫―戦う城の装備を支える

城郭にとって米以上に必要なものが武具や武器であり、それらを保管する武具庫も備えられていた。これらは保管された武具・武器によって鉄砲蔵《てっぽうぐら》、大《おお》筒蔵《づつぐら》、具足蔵《ぐそくぐら》などと呼ばれていたが、その残存例はほとんどなく、宇和島城の山里倉庫《やまさとそうこ》と伊賀上野《いがうえの》城の武具庫のみである。宇和島城の武器庫は幕末に調練場に設けられたものを移転した蔵であり、現在は資料館として活用されている。伊賀上野城の武具蔵のうち手当蔵《てあてぐら》は二之丸（丸之内）に備えられたものであるが、改築された痕跡が著しい。

武具とともに重要なものが火薬である。火薬を貯蔵する蔵を焔硝蔵と呼んでいる。この遺存例も大坂城の焔硝蔵一棟のみである。大坂城には当初青屋口《あおやぐち》に焔硝蔵が置かれていたが、万治三年（一六六〇）に落雷により大爆発を起こし甚大な被害が出た。このため貞享二年（一六八五）の再築にあたっては石造とされ、西の丸と青屋口に再建された。このうち西の丸に再建されたものが現存する焔硝蔵である。東西棟の両端をやや狭くして出入口を設け、壁の厚さは二・四メートルで、外壁、内壁を石積みとし、その間には礫《れき》が充填《じゅうてん》されていた。また天井と床も切石の花崗岩を用いており、屋根のみ本瓦葺《ほんかわらぶき》としている。扉は三重の金属扉で、なかには木箱入りの火薬が収蔵されていた。

彦根城では類焼を防ぐために城外に焔硝蔵が設けられていた。建物は明治維新後に取り払われてしまったが、発掘調査によってその構造が明らかにされている。

金蔵、薪蔵―特殊な蔵たち

また、特殊な蔵として金蔵がある。大坂城には天《てん》守台《しゅだい》脇に二棟の金蔵が設けられていた。そのうちの一棟が現存する金蔵である。寛永二年（一六二五）に二階建で建造されたものを、天保八年（一八三七）

二条城米蔵

二条城二の丸の内堀に面したところに２棟の米蔵が残されている。１棟は18間、もう１棟は17間の規模である。

大坂城焔硝蔵

大坂城では万治３年（1660）に焔硝蔵が大爆発をおこした。このため貞享２年（1685）に火災や誘発を防ぐために、石造りの焔硝蔵が再建された。

大坂城焔硝蔵内部

焔硝蔵の壁の厚さは2.4ｍを測り、外壁、内壁を石積みとし、その間には礫が充填されていた。

大坂城御金蔵

本丸天守台の脇には２棟の御金蔵が備えられていた。そのうちの１棟が残されている。ここには西国からの年貢金や長崎貿易の収益金などが収められていた。

に一階建に改造したもので、八間×三間の土蔵造である。寄棟造《よせむねづくり》で、外壁は海鼠壁《なまこかべ》としている。金蔵という性格上、床板の下には厚い石が敷かれ、入口は二重の土戸と鉄格子の三重構造とし、窓も土戸と鉄格子とする、極めて厳重な造りの土蔵である。ここには西国からの年貢金や長崎貿易の収益金などが収められていた。

蔵にはこのほか食料を保存する塩蔵《しおぐら》、藩の公文書を保管する文庫・書物蔵、建築資材を保管する竹蔵や木材蔵などもあったが現存するものは一例もない。

珍しい蔵に薪《まき》を貯蔵する薪蔵が大坂城にあった。その構造は薪を積んで貯蔵しやすいように八角形をしていた。現存する焔硝蔵の西側から北側にかけて十二棟もの薪蔵が並んでいたが、明治維新後、順次取り払われ、最後に残っていた一棟も昭和二十年（一九四五）に空襲によって焼失してしまった。しかし、その珍しい姿は古写真でうかがうことができる。

厩現存例は彦根城のみ

こうした蔵とともに城郭に付属する建物として必ず設けられたものが厩（馬屋）である。しかしこの厩も明治維新後取り払われてしまい、現存するものは彦根城に一例残されているものだけである。

彦根城の厩は、中堀の佐和口門《さわぐちもん》を入ったところに備えられている。矩形《くけい》の平面で、細工小屋とを区画する塀の代わりとしての長屋としても利用されており、西端部は長屋門としている。元禄年間（一六八八～一七〇四）ごろに建てられたものと考えられ、その外観は、屋根は柿葺《こけらぶき》で、壁は上を大壁、下を簓《ささら》子下見板張《こしたみいたばり》としている。内部は二十一に仕切られており、馬立場と馬繋場《うまつなぎば》となり、東端に畳敷の小部屋が設けられていた。もちろん藩主専用の馬を飼い繋ぐ厩であり、常時十数頭の馬が飼われていた。

蔵や厩は城郭建造物としてはあくまでも付属の施設にすぎないものだが、近世城郭にとっては欠くべからざる建物であった。しかし、そうした付属施設という観点から、明治維新後にことごとく取り壊されてしまい、じつは天守より残存例が少なく、それぞれの蔵や厩は、城郭建物として貴重な建物なのである。

宇和島城山里倉庫
宇和島城の調練場にあった武器庫である。幕末に造営されたもので、昭和44年（1969）に現在地へ移築された。

金沢城鶴丸倉庫
本丸直下に位置する鶴丸倉庫は従来明治以降のものと考えられていたが、近年の調査で江戸時代後半のものであることが判明した。しかしその用途については不明である。

大坂城薪蔵（古写真）
大坂城焔硝蔵の北面から西側にかけて八角形の薪蔵が12棟あったが、最後の1棟も空襲で焼失してしまった。（大阪城天守閣所蔵）

彦根城厩内部
馬屋には馬立場、馬繋場と管理用の小部屋が設けられていた。

籠城の備えのためにもっとも重要で、欠くことのできない施設

井戸・井戸屋形

【大坂城・松江城・伊予松山城ほか】

加藤理文

城に見られる井戸《いど》の大部分は、地面から垂直に掘って地下水を汲み上げる竪井戸《たていど》であり、人力によって坑内に直接入って掘った丸井戸《まるいど》であった。直径二メートル前後で、上部に井桁《いげた》を設け、円形もしくは方形となる。山城《やまじろ》の場合、より多くの水を得るため、巨大な池のような大きさの井戸（溜池《ためいけ》）も多数存在していた。石垣山一夜《いしがきやまいちや》城の井戸郭は、二の丸北東部に設けられた巨大な井戸で、もともと北方向に馬蹄状に開いた谷を堰き止めて構築されたと言われる。同様に、洲本《すもと》城の日月《じつげつ》の池《いけ》も谷地の湧き水を、石垣を築いて池にしたものである。当時は、ひさごの滝から切れることのない清水を、この池へと流れ込むような仕組みにしていたと言われる。

井戸は、籠城《ろうじょう》の備えとして最重要な施設であったため、城内各所に掘られていた。熊本《くまもと》城には、じつに百二十ヶ所もの井戸があったと伝わる（現存十七ヶ所）。最終防御施設といわれる天守《てんしゅ》の地階に井戸が現存する城が松江《まつえ》城天守である。その他、名古屋《なごや》城天守、浜松《はままつ》城天守、熊本城小天守、伊賀上野《いがうえの》城小天守にも井戸が設けられていた。

天守や櫓《やぐら》内にある井戸は問題ないが、外にある井戸には必ず井戸屋《いどや》が建てられた。現存する井戸屋は少なく、大坂城の天守前方の枡形《ますがた》（小天守台といわれる）内の金名水井戸屋形《きんめいすいいどやかた》が現存し、重要文化財に

大坂城金名水井戸と井戸屋形
江戸時代には「黄金水」と呼ばれていた。昭和 34 年（1959）、大阪城総合学術調査で、井戸底に降り調査したが、黄金は発見できず、積石に残る刻印や墨書から、幕府による再築時に掘られた井戸と判明した。江戸時代には、天守台東側に「金名水」と呼ばれる井戸があった。

指定されている。

巨大な山城の井戸

十六世紀前半に成立したといわれる『築《ちく》城記《じょうき》』には、「水のない山城を築いても無意味で、よく水のことを考えて築くこと、人びとの命を延ばす水こそ肝要である」と記され、水を得ることがいかに大切であったかが判明する。たしかに、山城に限らず平《ひら》城《じろ》にも、曲輪《くるわ》ごとにひとつは井戸が存在していた。

井戸といえば、井戸屋を持った井桁組の井戸を想像するが、山城にある井戸は、むしろ巨大な池が多い。春日山《かすがやま》城の伝天守台西下の大井戸は、円形で直径六メートル、深さ約一〇メートルで、現在も満々と水を湛えている。

唐沢山《からさわやま》城にも円形で直径約六メートルの大炊《おおい》の井《い》戸《ど》が、太田金山《おおたかなやま》城にも直径約一六メートル・深さ二・五メートルのほぼ円形を呈した日《ひ》の池《いけ》と、その半分の規模の月《つき》の池《いけ》が残り、やはり水が枯れることはない。日の池と月の池は、谷を堰《せ》き止め、流水や湧水を貯める構造が判明。日の池には、池の両端に二ヶ所の石組井戸が配されており、池が飲料水確保のためだけではなかったことが判明する。整備に伴う発掘調査で、築城前の十五世紀の雨乞い祭祀に使用された「土馬《どば》」が出土しており、古くからこの場所が儀式を行う神聖な場所であった可能性が指摘されている。まさに、水こそ、命のもとであったことを物語る遺構である。

井戸は伝説の宝庫

井戸水は飲用であるため、衛生的できれいな水を得るため、帯水層の地下水を汲み上げる掘り抜き井戸が多かった。そのためか、きれいな水を得るための伝説が数多く残る。大坂城の天守前方の枡形（小天守台といわれる）内の金名水井戸は、『金城見聞録《きんじょうけんぶんろく》』では「黄金水《おうごんすい》」と呼ばれ城内一の名水とされている。太閤秀吉《たいこうひでよし》が、水毒を除くために地下に黄金を沈めたためで、通常は汲むことすらかなわず、六月十六日にのみ終日開放され、その水に物を漬けておくと味が保持されたという。江戸時代に、梶助という盗賊が黄金を狙って水底に降りたが、大石を格子状に穴をあけた中蓋があって、黄金はその下に沈めてありどうしようもなかったとの伝説も残る。

同様に、名古屋《なごや》城天守地下の「黄金水」の井戸は、加藤清正《かとうきよまさ》が掘った当時、水質が悪く濁っており飲用にはならなかったという。そこで、太閤の故事にならって、井戸一面に大判を延べた黄金の板をしいたら、しだいに水が澄むようになったと伝わる。また、井戸の側面には外堀に通じる抜け穴があるとか、莫大な黄金が隠してあるとかもいわれている。

岩国《いわくに》城の山上部に残る「大釣井《おおつるい》」には、非常時の武器・弾薬などの収納をはかるとともに、落城に際する脱出口を備えた井戸であったとの伝承が残る。同様に、伊予松山城の深さ約四四メートルを誇る本丸井戸は、底がない、天守と二之丸への抜け穴がある、大蝙蝠がいる、水をきれいにするために大判・小判が投げ込まれたなどの伝承が残る。

悲しい伝説も多い。丸亀《まるがめ》城二の丸井戸は、約六五

**熊本城天守西下
平左衛門丸の井戸**

文禄・慶長の役で「泥水をすすり、死馬の肉を喰らう」という苦しい籠城戦を体験した加藤清正は、その居城に120以上もの井戸を掘り、籠城戦の備えを万全にした。本丸には7つの井戸を設け、そのなかのひとつは小天守内に備えていた。これらの井戸は、水質良好で大正時代まで清酒の醸造に使用された程である。

松江城天守内部の井戸

天守地階の井戸。深さ約24 m。堀尾吉晴は、前任地の浜松城天守の地階にも井戸を設けている。戦国乱世にあっては、天守が最終防御施設としての役割を担っていたということであろう。松江城天守には、井戸だけではなく、便所や石打棚もあり、極めて戦闘的な形態を色濃く残している。

太田金山城「日の池」

山頂部に位置する直径16 mの円形の溜池で、両端に飲料用の石組井戸が2ヶ所付設している。従って、池は飲用ではなく、生活全般用の水の確保と祭祀のための場所として機能を果たしていたと思われる。

丸亀城二の丸井戸

本丸の東下の二の丸北端に位置する。八角形の屋根を付けた井戸屋形（復元）を持つ井戸で、直径1間（約1.8 m）、深さ36間（約65 m）で、日本一深い井戸といわれる。3段の見事な石垣を築き上げた羽坂重三郎が、この井戸で殺されたという伝承も残る。

メートルで日本一深い井戸といわれている。その美しさと三段の高さで有名な石垣を完成させた功労者が羽坂重三郎《はさかじゅうざぶろう》である。石垣の完成した姿を見た藩主は「空飛ぶ鳥以外に、この城壁を乗り越えるものはあるまい」と重三郎を褒め称えた。ところが重三郎は「尺余りの鉄棒があれば容易に登れる」と言い、実演したのである。驚いた藩主は、敵方への内通を恐れ、重三郎に二の丸井戸底を探らせ、底にいる間に石を投げいれ埋め殺してしまったという。巨大な井戸は、底も見えず不可思議であったため、このような黄金伝説や抜け道伝説、果ては殺戮《さつりく》の伝説までもが生まれたのであろう。

井戸屋形を見る

井戸屋形とは、井戸を保護し、水を汲む人を雨風から守るために造られた建物で、四本柱で屋根を架けただけの簡易なものである。

現存例は、前述の大坂城金名水井戸屋形で、寛永三年（一六二六）天守造営と同時期に造られたもので、高さ五・二メートル、面積は一二平方メートルである。寛文五年（一六六五）の落雷による天守焼失時にも、奇跡的に類焼を免れた。昭和四十四年（一九六九）、解体修理が実施され、瓦《かわら》の葺《ふ》き替えは別として、創建以来一度も解体された形跡がないことが判明している。部材には「寛永五年」銘の墨書《ぼくしょ》が残り、鬼瓦《おにがわら》や蟇股《かえるまた》には三葉葵紋《みつばあおいもん》が使用されている。

伊予松山《いよまつやま》城の本丸井戸屋形は戦前まで現存しており、水深は九メートル、釣瓶《つるべ》も備えられており、冷水を汲み上げて飲むことができた。しかし、昭和二十年の戦災で焼失、現存の井戸屋形は昭和二十七年に城内で初めて再建された復元建物である。

このほか、熊本《くまもと》城、和歌山《わかやま》城、松江城など、数多くの井戸屋形が見られるがいずれも復元建物である。簡易な建物であり、井戸の保護と転落防止のために復元された例が多い。

巨大な井戸屋形

備中松山《びっちゅうまつやま》城大池は、何を目的に造られたかは未だに不明だが、江戸時代の絵図や大石《おおいし》（内蔵助《くらのすけ》）良雄《よしお》が記録を残しており、大池を覆う屋根が架けられ、中には塵《ちり》や芥《あくた》を取るために小舟が浮かべられていたことが判明する。近年、池の水を抜き内部の調査を実施した結果、その規模は二三×一〇メートルの長さの方形の石垣造りで、深さが四・三メートルあり、城郭の貯水池としては国内最大規模であることが判明した。石垣は何度も積み直され、江戸時代を通して修理し、維持されていることも確認された。

また、伊予松山城の二の丸大井戸は、東西一八×南北一三メートル、深さ九メートルの規模で、四周を石垣で固め、北面東西に底に降りるための石段が設けられている。建物の中央に池の西半分が口を開け、東半分はその上が焚火之間《たきびのま》（三九・五畳）で覆われ、開口部の西には小玄関と家老部屋、北には歩《ほ》行番所《こうばんしょ》と広間二室があった。

この水を常時飲用としていたかは不明だが、焚火之間の床下には一段低い通路が南北に走っており、防火のための備えの可能性が高いといわれている。全国的にもこのような巨大な井戸が建物内部に築かれた例はなく、我が国の城郭史を語るうえで極めて貴重な遺構と評価されよう。

備中松山城大池（発掘調査中）
小松山城から約500m離れた山中に位置する石組のため池で、元禄6年（1693）、水谷氏断絶後、大石（内蔵助）良雄が、1年ほどの在番を務めたおり、この大池を訪れ「日照りが続いても枯れないよう屋根がかけられている」と書き留めている。

伊予松山城二の丸「大井戸」
二の丸御殿は、明治5年（1872）に火災で焼失したが、発掘調査成果などから整備公開されている。大井戸も、石垣が積み直され、露出展示され、その規模が判明する。

もっともポピュラーな防御施設だが、実戦での使用は意外と難しい!?

狭間・石落

【姫路城・備中松山城・熊本城ほか】

中井均

天守《てんしゅ》、櫓《やぐら》、塀《へい》などの壁面に鉄砲や矢を放つために開けられた施設を狭間《さま》と呼ぶ。鉄砲狭間《てっぽうざま》には正方形、丸、三角の形状があり、基本的には片膝をついて構えるため、低い位置に開けられている。また、矢狭《やざ》間《ま》は弓を引くため、長方形の形状となり、立って引くことより、高い位置に開けられている。天守や櫓の狭間には開口部に蓋が付けられたり、壁土で塞いで外側から見えないようにした隠狭間《かくしざま》があった。さらに石垣《いしがき》の天端石《てんぱいし》を削った石狭間《いしざま》も造られた。

一方、天守や櫓の隅部に袴《はかま》のように外壁が張り出したものがある。石落《いしおとし》と呼ばれる施設で、石垣を登ってきた敵に対して頭上より石を落とす施設として、城の防御施設ではもっとも知られたものである。しかし、石落は石を落とすものではなく、石垣を登ってくる敵に対して鉄砲を斜位に放つための施設であり、狭間の一種であった。

狭間――狙っての射撃は意外と困難

天守、櫓、塀などの城郭建造物には鉄砲や矢を放つために設けられた小窓がある。これを狭間と呼ぶ。

狭間は基本的には鉄砲用のものと矢用のものがある。

鉄砲用には円形の丸狭間《まるざま》と、三角形の鎬狭間《しのぎざま》、

姫路城土塀の狭間
姫路城の中心部には櫓や門とともに多くの土塀が残されている。それらの土塀には鉄砲狭間や矢狭間が設けられ、侵入した敵に対して四方八方より攻撃できるようになっていた。写真は、「は」の門南方土塀。

方形の箱狭間《はこざま》があり、矢用は長方形となる。

さらにその配置される位置に大きな特徴がある。それは鉄砲狭間が床面より一尺五寸（約四五センチメートル）のところに構えられ、矢狭間が二尺五寸（約七五センチメートル）のところに構えられている。これは鉄砲を片膝をついて放つためと、矢の場合は弓を立って引くためによるものである。このため、鉄砲狭間のことを居狭間《いざま》、矢狭間のことを立狭間《たちざま》とも呼んでいる。

天守、櫓では方形の狭間が多いが、塀では丸、三角、方形の狭間が交互に配されるものも多い。また、矢狭間と鉄砲狭間を交互に配するものも多い。この場合は、矢・鉄砲・鉄砲・鉄砲・矢と、矢・鉄砲・矢というパターンが認められる。塀の場合、雨が降り、火《ひ》縄銃《なわじゅう》が用いられない場合を想定して矢狭間も配置していたようである。

狭間の配置に関しては、江戸時代の軍学書によると、塀一間に狭間ひとつと記されている。ところが戦国時代の築城のマニュアル本である『築城記《ちくじょうき》』には、一町の面に三十、四町で百二十と記されている。

一町が六十間であることより、二間に狭間ひとつということになる。城門を突破した敵は、城内に重層的に構えられた塀や櫓の狭間からの攻撃に曝《さら》されることになった。

天守や櫓に構えられた狭間には、外側に蓋《ふた》を付けた蓋付き狭間が多く用いられている。蓋には開き蓋と引き蓋があり、矢狭間の場合は内側に開くものが多い。また、狭間の外側を薄く壁土で覆ったり、羽《は》目板《めいた》で内蓋をして、外側から狭間の存在を隠す、隠狭間と呼ばれる狭間も多用されている。敵に狭間の存在を知られず、敵が押し寄せてきたその時に壁土を銃身で突き破ったり、内蓋を取り払って、鉄砲を撃ち放つように工夫されたものと言われてきた。

しかし、隠狭間が敵に対するトラップであればすべての狭間を隠狭間にすればよいはずであるが、大半の狭間は開口している。どうも隠狭間はトラップではなさそうである。隠狭間が用いられているのは天守や正面性の高い城門脇の塀などである。つまり権威を示す場所に狭間は武骨でふさわしくないということより隠していたのである。

一方、石垣の天端石の内側を弧状に削り込んで外側を四寸の方形に刳《く》り抜いた石狭間と呼ばれる狭間も出現する。この石狭間は江戸《えど》城、大坂《おおさか》城、二条《にじょう》城といった幕府直轄《ちょっかつ》の城に用いられており、大名の居城では唯一岡山《おかやま》城で用いられている。

ところで、狭間は実戦で効果があったのだろうか。実際に狭間を覗いてみると、鉄砲や弓を構えても、まず、照準を定めることはできない。石狭間にいたっては、鉄砲を突き出せるだけである。おそらく照準を定めて放つというものではなく、ただ、ただ撃ち放つという乱射で対処したのだろう。また、狭間が城外に向かって斜位に仕上げられているものは斜め下に向かって撃つことは可能であるが、備中松山《びっちゅうまつやま》城の土塀の狭間は真っ直ぐに開口しており、斜位に撃つことは不可能である。また、丸岡《まるおか》城天守の狭間も下位は絶対に狙えない。

石落――じつは鉄砲を放つ狭間の一種

ところで、城郭建造物に備えられた防御施設として、もっとも知られているものに石落がある。天守

備中松山城土塀の狭間
山城である備中松山城では石垣塁線上の土塀には鉄砲狭間が設けられていた。実際に狭間を覗くと山下よりの敵に銃口を向けることは不可能である。

大坂城石狭間
大坂城や江戸城のような幕府の城では石垣の天端石を半円形に刳り抜いて構えられた石狭間が設けられていた。外側からは四寸四方の銃眼しか見えない。もちろん射手にも敵を見ることはできず、実際に用いられた場合は乱射に近いものだったと考えられる。

金沢城石川門狭間
金沢城の搦手となる石川門二の門脇の土塀には左右各３個ずつの鉄砲狭間が構えられている。これらは隠狭間と呼ばれ、敵兵が近づいた時に表面の漆喰壁をぶち破って鉄砲を放ったものと考えられる。

岡山城石狭間
石狭間は幕府直轄の城にのみ築かれたと記したが、唯一外様大名の城で用いられているのが岡山城である。使用されているのは月見櫓の両脇のみである。

や櫓の隅部に設けられたもので、下から石垣を登ってくる敵に対して蓋を開いて石を落とすものとして知られているし、そう解説されている。しかし、石落とわかるところの下から攻め上がる間抜けはいない。さらには開口する幅は一尺程度しかなく、さほど大きな石を落とすことはできない。じつは石落は石を落とす施設ではなかったのである。

もちろん石落という防御施設は古くよりあった。後三年合戦《ごさんねんかっせん》を描いた絵詞《えことば》のなかに、切岸《きりぎし》に巨石を縛り付けた仕掛けが認められるし、実際に綱を切って落とされた石も描かれている。江戸時代の軍学ではこうした石落と、天守や櫓に設けられた施設を同様にして扱い、石を落とすものとしたようである。

実際には臥《ふ》して斜下方に対して鉄砲を放つ、一種の狭間として利用するものであった。通常の鉄砲狭間では斜下方を狙うことができない。そこで開口部を広くとった石落を出隅部に配して、石垣を登る敵を頭上から攻撃できるようにしたわけである。

こうした石落はその外観より袴腰《はかまごし》型、戸袋《とぶくろ》型、出《で》窓《まど》型に分類されている。袴腰型とは天守や櫓の隅部の外壁の裾を斜めに張り出させるもので、戸袋型とは雨戸の戸袋のような形状のもの、出窓型とは出窓の下方を石落としたものである。伊予松山《いよまつやま》城の天守《てんしゅ》曲輪《くるわ》では戸袋型が用いられているが、隅部だけではなく、多門櫓《たもんやぐら》や塀にも等間隔で配置されており、石垣に対しては死角をなくす鉄壁の構えとなっている。出窓型は幕府直轄の城の櫓に多用されており、江戸城、名古屋城、二条城、大坂城の櫓に認められる。

なお、特異な事例の石落として、松江城、名古屋城の天守では一重目ではなく、二階の隅部に配し、その開口部を初重の軒で隠しており、敵に気付かれないように工夫されている。とりわけ名古屋城天守の場合、それだけではなく、天守入口の頭上に袴腰型の石落が配置されている。あえて天守入口の頭上に巨大な石落を配置することによって威圧感を与えたものだったのであろう。さらに特殊な事例として、熊本《くまもと》城、萩《はぎ》城、高松《たかまつ》城の天守はいずれも一階を石垣より半間張り出させて周囲すべてを石落としている。これによって下方から攻め上がってくる敵に対しての防御を鉄壁なものとしたのである。

熊本城十八間櫓石落
石落という防御施設は、石を落とすものではなく、石垣を登る敵に対して斜位に銃を放つための防御施設であった。よく見ると石落には鉄砲狭間も構えられている。

松江城天守石落
松江城天守の石落は１階ではなく、１重目の屋根に構えられており、一見するとその存在には気が付かない。天守石垣を登る敵を引き付けて斜位に鉄砲を放つために構えられた。

姫路城西の丸多門櫓石落
姫路城西の丸の西側防御として多門櫓が構えられていた。曲線を描く西辺塁線に何度も屈曲させて多門櫓を連ねて防御を強固なものとしていた。その屈曲部分には石落が設けられ、西側土手からの敵に対処していた。

伊予松山城天守曲輪石落
伊予松山城は本丸の中心に連立式天守を設け、最後の要としていた。そのため天守曲輪では櫓だけではなく塀にも石落が構えられ、天守曲輪の石垣に対して睨みを効かせていた。

主要建築ではないが、極めて重要な役割を担った橋と番所

橋・番所

【和歌山城・高松城・二条城ほか】

加藤理文

堀を渡る狭い通路である橋《はし》は、守城側から見れば絶好の攻撃場所であった。狭い橋上に並ぶ敵兵は、一斉射撃の絶好の的となるからである。そのため、橋の側には櫓や土塀《どべい》を連ね、橋上に横矢《よこや》を掛けるのが常套手段であった。この橋には、恒久的な土橋《どばし》と簡易的な木橋《きばし》があり、土で固めた土橋は、現在も多くの城に残るが、木橋の現存例は極めて少ない。近年、見栄えのする廊下橋《ろうかばし》を中心に橋の復元例も増えつつある。しかし、実用的な城内の橋の多くは、コンクリート製の橋となっているため、あえて木橋に復す例は見られない。

城内にもっとも多く建てられた建物が番所《ばんしょ》で、一城で数十ヶ所も存在した。その種類はまちまちで、規模や形式もまたさまざまであった。よく知られる番所は、城門《じょうもん》付近に建てられ、城門の開閉や門を出入りする者の監視を行う番所になる。この番所は、通常門の手前もしくは、門を入ったすぐ脇に建てられ、常時役人を配置し、日の出と日没を待って、扉の開閉を行っていた。門を通行する人びとの監視や警備だけでなく、緊急時の夜間対応、急病人の介抱をすることもあった。そのため、誰が見ても番所と

和歌山城復元された御橋廊下（廊下橋）
平成18年（2006）、発掘調査などの記録をもとに木造で復元された。西の丸屋敷と二の丸屋敷を繋ぐ、藩主専用の奥向き建物の一部であった。西の丸が低いため、約11度の勾配があり、細かな床材が階段状に張られている。長さ約27m、幅3mで、入口部分には引戸が備えられ、使用時のみ開けられた。

わかるように、入母屋造《いりもやづくり》の平屋建てとし、正面には一段低く土庇《どびさし》（土間に建てられた柱で直接庇を支えたもの）を付けた独特の外観となっている。江戸時代の番所は、城内だけでなく、城外や国境、関所の番所も、どれも似たような形式で、誰もが一目で番所とわかるようになっていた。

防衛の一翼を担った橋

堀を渡るための施設が橋で、橋を渡らないかぎり城の内部へ入ることはできない。そのため、橋は重要な防衛線となった。橋には、木橋と土橋があったが、主流は土でできた土橋である。木橋だと、敵方に橋を壊された場合、袋の鼠《ねずみ》となるためであった。籠城に際し、守りを固めるために、木橋の板を外したり、橋を落としたりすることもあったが、あくまで守城側の都合によるもので、橋を守る兵力削減が主目的であった。橋は、敵方の攻撃によって絶対落ちない施設とする必要があったため、大手口《おおてぐち》を土橋、搦手《からめて》を木橋とする例が多く見られる。

橋は長く狭い通路であったため、多勢がつめかけても、一列に並んで渡らざるを得ない。城内から、狙い撃ちすれば一網打尽にできた。そのため、橋に並行するように石垣《いしがき》に折れを設け、櫓《やぐら》や土塀を配し、橋上に横矢を掛ける工夫が凝らされていた。

さまざまな木橋

有事に際し、板を外すのが木橋の常套手段であったが、橋を曲輪《くるわ》内に引込められるようにした引き橋《ひばし》や、車輪を付けて引きやすくした車橋《くるまばし》なども造られたというが、残念なことに現存例は見られない。また、跳ねあげて渡れなくした刎橋《はねばし》もあったという。橋自体を斜めにした筋違橋《すじかいばし》や鈎《かぎ》の手に折れる折長橋《おながばし》は、横矢を掛け易くするための工夫であった。現存ではないが、高松《たかまつ》城の旭橋《あさひばし》が筋違橋となっている。

屋根付きの現存する橋はほとんどなく、唯一高松城の「鞘橋《さやばし》」が江戸期の姿を残す。当初は「らんかん橋」と呼ばれ屋根はなく、両側に低い欄干《らんかん》が付いていたという。江戸時代中期に現在のような屋根を持つ廊下橋に改造され、明治十七年（一八八四）に付け替えられ、大正期には橋脚が木製から石製に代えられたことが古写真から判明する。

廊下橋は、平和な時代が生み出した産物で、藩主が濡れることなく移動するため、御殿の側の橋に屋根を架け、壁を設けた施設である。通常の橋と異なり見栄えがするため、府内《ふない》城、和歌山《わかやま》城、福井《ふくい》城と三城で復元された。いずれの橋も古絵図《こえず》や発掘調査成果に基づいて再現されている。

和歌山城の廊下橋は、「橋廊下」と呼ばれ、二ノ丸大奥《おおおく》と西ノ丸御殿を結ぶ藩主と御付きの者しか渡ることが出来ない特別な橋であった。屋根付きで、内部も外から見えないように板壁で覆われ、窓は板戸と障子戸《しょうじど》で隠されていた。幅約三×長さ約二七メートルで、二ノ丸と西ノ丸との高低差が約三・四メートルもあり、廊下が傾斜するため、小刻みな階段（鋸歯）状になっている。出入口は杉戸（板戸）で、使用時以外は固く閉ざされていた。

通常の木橋では、松代《まつしろ》城太鼓門前橋《たいこもんまえばし》（幅約四・二×長さ一四・五メートル）高田《たかだ》城極楽橋《ごくらくばし》（幅約五・五×長さ三八・四メートル）、大和郡山《やまとこおりやま》城極楽橋（幅約五・五×長さ二二メートル）、鳥取《とっとり》城擬宝珠橋《ぎぼしばし》（幅

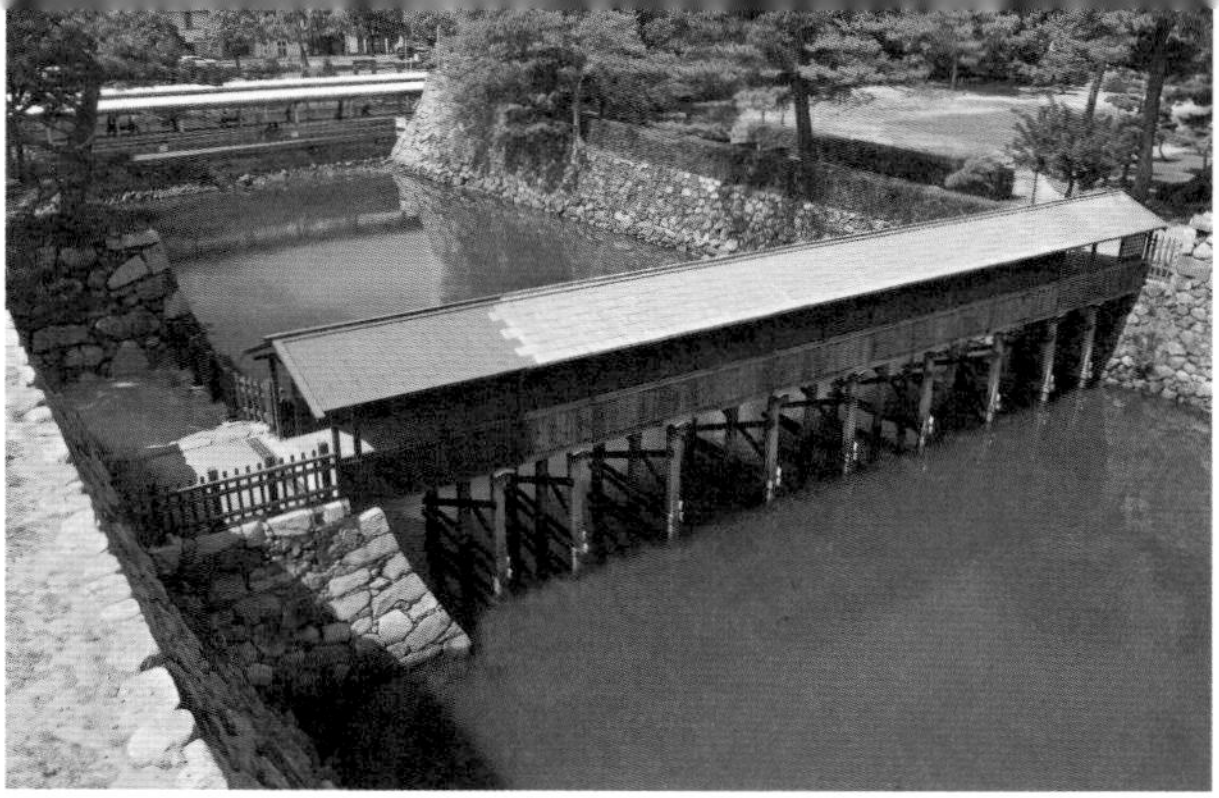

高松城鞘橋
内堀に囲まれた本丸へと渡る唯一の通路で、当初屋根はなく、両側に欄干があったため「らんかん橋」と呼ばれていた。文政６年（1823）の絵図では、屋根が描かれているため、江戸時代中ごろに屋根付きの橋になったと考えられる。入口は開き戸で、スムーズな開閉のため車輪が付設する。

彦根城廊下橋
空堀上に鐘の丸から天秤櫓の門へ架けられた木橋。幅２間（約 3.4 m）×長さ８間（約 15 m）で、城兵の移動を隠すため屋根と壁があったためこの名が付いた。有事に際し、橋を切り落とす「落とし橋」とも呼ばれる。

復元された鳥取城の大手橋である擬宝珠橋
擬宝珠橋は、元和７年（1621）に創建され、何度かの修繕・架け替えの後、明治元年（1868）の最後の架け替えを経て同 30 年まで存続した。平成 30 年（2018）復元橋としては国内最長となる 36.62 m（幅６m）、水中梁の上に木造橋を載せる我が国初の工法で完成した。

江戸城同心番所
三の丸から二の丸への入口・下乗門を入った右手にある番所。江戸城内には、大番所、百人番所と３棟の番所が残るが、大手門から入った大名が最初に通る番所である。諸大名も、ここで駕籠や馬から降りて検問を受けなければならなかった。御三家（尾張・紀伊・水戸）のみ例外で、そのまま通過可能であった。

約六×長さ三六・六メートル）、金沢城《かなざわ》鼠多門橋《ねずみたもんばし》（幅約五・五×長さ三三メートル）の五城で往時の姿に復元されている。

番所の種類と役割

番所は、城内に建てられた建物のなかでも極めて簡易的な建物で、武家諸法度《ぶけしょはっと》の規制対象外の雑舎《ぞうしゃ》として無届で自由に増改築が可能であった。建物そのものは低級であったが、その役割は極めて重要で、なくてはならない施設のひとつである。種類が多く、規模はまちまちではあったが、大部分が平屋建てとなり、内部に二～三室が並立し、正面に土庇を設けていた。従って、正面からは屋根の下に、さらに庇が付く独特の外観となり、誰もが一目で番所とわかった。また、櫓門の一部を間仕切って内部に番所を設ける例もあった。現存例は、弘前《ひろさき》城与力番所《よりきばんしょ》、江《え》戸《ど》城同心番所《どうしんばんしょ》・百人番所《ひゃくにんばんしょ》・大番所《おおばんしょ》、掛川《かけがわ》城大手門番所《おおてもんばんしょ》（移築）、二条《にじょう》城番所、園部《そのべ》城番所、丸亀《まるがめ》城御殿表《ごてんおもて》門番所《もんばんしょ》、姫路《ひめじ》城井郭櫓付属番所《いかくやぐらふぞくばんしょ》などで、その数は極めて少ない。

番所のおもな役割は、城の管理と監視で地味ではあるが城の運営面からは極めて有用な建物である。主要曲輪に設けられた番所は、曲輪の見回りや管理の中枢であった。城門近くの番所は、門の開閉や出入りする者たちの監視・検問を行っている。御殿の主要な出入口にも小規模な番所が置かれ、警備のための役人が常時詰めていた。また、三の丸や外郭《がいかく》の街路に建つ辻番所《つじばんしょ》なども設置されている。辻番所は、武家屋敷周辺の辻々に置かれ、昼夜交代で担当地域を巡回していた。現在の交番のような役割を担っていたことになる。このように番所はさまざまな役割を持っていたため、その数は非常に多く、ひとつの城で数十ヶ所も存在していた。

外番所と内番所

もっとも重要な城門監視目的の番所は、門がひとつの場合は門を入ったすぐの所に設けられていた。虎口《こぐち》構造が変化し、枡形《ますがた》虎口が主流になると、内側の櫓門《やぐらもん》と外側の高麗門《こうらいもん》のそれぞれに番所が置かれることもあった。枡形内部に簡略な外番所《そとばんしょ》、櫓門を入った所に内番所《うちばんしょ》（大番所）を配し、二番所でもって城門の管理と通過する者を監視する厳重な構えをしいたのである。絵図により枡形内外に二ヶ所の番所が存在したことが確認できるのは、江戸城・名古屋城・徳川大坂《とくがわおおさか》城などで、現在でも確認できる唯一の事例が、江戸城二の丸下乗門枡形《げじょうもんますがた》で、高麗門を入った右手に外番所（同心番所）、櫓門を入った左手に内番所（百人番所）が残る。

忙しかった番所役人

番所役人の仕事は多忙で、毎朝日の出とともに門を開け、毎夕日の入りとともに門を閉めなければならなかった。門が開いている間は、通行者を監視し、怪しいと判断した場合は改めなければならず、門が閉まっている場合でも、急を要する通過は、潜戸《くぐりど》を開いて対応せざるを得なかった。それだけではなく、付近を見回り、破損箇所の有無の点検から、草取りまでもが仕事に組み込まれており、果ては番所近くで急病人が出た場合は、介抱することも職務であった。まさに、休む間もない重労働だったのである。

二条城東大手門番所

門を入った右手に位置。江戸から派遣された大番組の二条在番の武士が警護の任にあたっていた。毎年２組（１組 50 人）が４月に交代。番所は、在番武士の詰所のひとつで、正面 10 間、奥行３間で、前側の二畳敷に門番が勤務していた。

丸亀城御殿表門脇番所

藩主居館の正門である御殿表門（玄関先御門）の脇に位置する番所で、Ｌ字に折れて番所長屋が付設する。御殿への出入りを監視する役人が置かれており、門の外側からは内部が見えない工夫が施されている。現存するのは、番所・交替部屋・詰所・御駕籠部屋である。

家紋や絵記号、数字、「○△」まで、近世城郭の石垣に刻まれた印の数々

刻印

石垣①

中井 均

【大坂城・淀城・篠山城ほか】

近世城郭《きんせいじょうかく》の石垣《いしがき》を見て歩くと、さまざまな記号が刻まれていることに気が付く。これは刻印《こくいん》と呼ばれるもので、その起源は小牧山《こまきやま》城で検出された墨書《ぼくしょ》にまで遡る。当初は石垣を積んだ担当者の名前を墨で記していたものが、やがて鑿《のみ》で刻まれるようになり、その目的も多様化してゆく。

天下普請《てんがぶしん》で築かれた石垣では、割普請《わりぶしん》を担当した大名《だいみょう》の家紋や略紋などが刻まれ、また、実際に担当した大名の家臣が名前を刻む場合もあった。大名の居城では○や△などの記号も多く刻まれているが、これは石を切り出した石工《いしく》や、石を積む工人たちの印と考えられる。また、数字を刻んだものもあるが、これは積む順番をあらかじめ記したものである。

一方、猿《さる》や鉞《まさかり》といった絵記号が刻まれるものもある。なかでも五芒星《ごぼうせい》は鬼門《きもん》除けとして、石垣を積んだのちに東北隅に刻んだものである。こうした刻印は石を切り出した石切場《いしきりば》にも残されている。

石垣につけられた印

石垣に刻まれた家紋や記号など刻印は、その起源を織田信長《おだのぶなが》の安土《あづち》城に遡ることが可能である。安土城跡では古くより「惟住《これずみ》」と書かれた石材の存在が知られている。現在、その石材の所在は不明となっ

大坂城本丸西面の刻印
元和６年（1620）、徳川幕府によって再建された大坂城は天下普請によって石垣が築かれた。その石垣には担当した助役の大名たちの家紋などを示す刻印が数多く認められる。写真は本丸西面を担当した備中成羽藩山崎家治を示す「丸に山の字」紋の刻印。

ているが、安土城普請の奉行を務めた丹羽《にわ》長秀《ながひで》のことを印したものと考えられる。ちなみにこの文字は刻まれたものではなく、墨で書かれた墨書である。石に印を設ける最初はこのように墨書であった。

ところで近年、この安土城を遡る墨書が確認された。それは永禄六年（一五六三）に信長によって築かれた小牧山城で発掘された石垣に記された墨書である。現在のところ「佐久間《さくま》」と判読されており、もし、そうであれば信長の家臣団である佐久間《さくま》信盛《のぶもり》の可能性が高い。信長は石垣普請にあたって割普請という分担制を行っており、その担当個所に担当者であることを記した可能性が高い。

こうした墨書はのちに刻印という鑿によって刻んだ印に変化するが、刻印になっても記され続ける。しかし、墨書は長い年月によって消失してしまうためにほとんど残らない。ただ、石垣の裏面などに記されたものが発掘調査によって検出される場合がある。清須《きよす》城からは「雑賀《さいか》」と記された墨書が検出されており、地名であれば紀州の雑賀と関わる石垣であったと考えられる。また、朱墨《しゅぼく》で記された墨書も仙台《せんだい》城の発掘調査で大量に検出されている。

さまざまな種類の刻印

刻印にはさまざまな種類が存在する。おもなものとしては大名の家紋や略紋、○、△、×、□といった幾何学的な記号、五芒星や猿などの絵画的記号、数字、文字などがある。徳川再建大坂《とくがわさいけんおおさか》城や名古屋《なごや》城、篠山《ささやま》城など、徳川幕府による天下普請で築かれた城の石垣にはとくに動員された大名たちの家紋が刻まれている。大坂城では京極忠高《きょうごくただたか》の四目結紋《よつめゆいもん》、山内忠《やまうちただ》義《よし》の三柏紋《みつがしわもん》、蜂須賀忠英《はちすかただてる》の卍紋《まんじもん》、細川忠利《ほそかわただとし》の九曜星《くようせい》紋《もん》、堀尾忠晴《ほりおただはる》の分銅紋《ふんどうもん》などがある。一方、正式の紋ではなく、略紋として刻まれたものとして木下延俊《きのしたのぶとし》の丸《まる》に木紋《きもん》、山崎家治《やまざきいえはる》の丸《まる》に山紋《やまもん》、池田光澄《いけだみつずみ》の丸《まる》に久紋《きゅうもん》、毛利秀就《もうりひでなり》の一文字《いちもんじ》一《ひと》つ星紋《ぼしもん》などがある。

幾何学的紋・絵画的記号・数字

幾何学的な紋はやはり大名の家紋を略したものや、大名の家臣の記号と考えられるもの、石を切り出したり、石を積んだ職人たちの記号と考えられるものがある。瓦《かわら》に瓦師の窯印《かまじるし》を刻む場合と同じである。

絵画的記号の代表的なものに五芒星がある。清明《せいめい》星《ぼし》とも呼ばれるこの記号は呪術《じゅじゅつ》的なもので、魔除けなどに用いられる。富山《とやま》城では本丸大手（鉄門《くろがねもん》）の枡形《ますがた》出隅部に刻まれている。この位置は城の東北隅、いわゆる鬼門にあたる。その鬼門除けとして刻まれたものが五芒星の刻印である。おそらく石を切ったときに刻まれたのではなく、石垣を積んでから刻んだものと考えられる。大半の刻印が石を切り出した際に刻まれたものであるのに対して、積んでから刻む事例はほとんどない。金沢《かなざわ》城の河北門《かほくもん》の出隅部にも五芒星の刻印が刻まれているが、ここでは表面に見える二面ともに五芒星を刻んでいる。

大坂《おおさか》城の青屋口《あおやぐち》は前田利常《まえだとしつね》の丁場《ちょうば》であるが、ここには猿とおぼしき動物を刻んだ刻印がある。これは石工のお遊びではなく、元和六年（一六二〇）の庚《こう》申《しん》歳に切り出したことを表したものと見られる。

数字については大坂城で二の丸南外堀に面した石垣に、「三」、「三間」、「四」、「四間」と刻まれた刻印がそれぞれ同じ高さのところで多数確認されており、

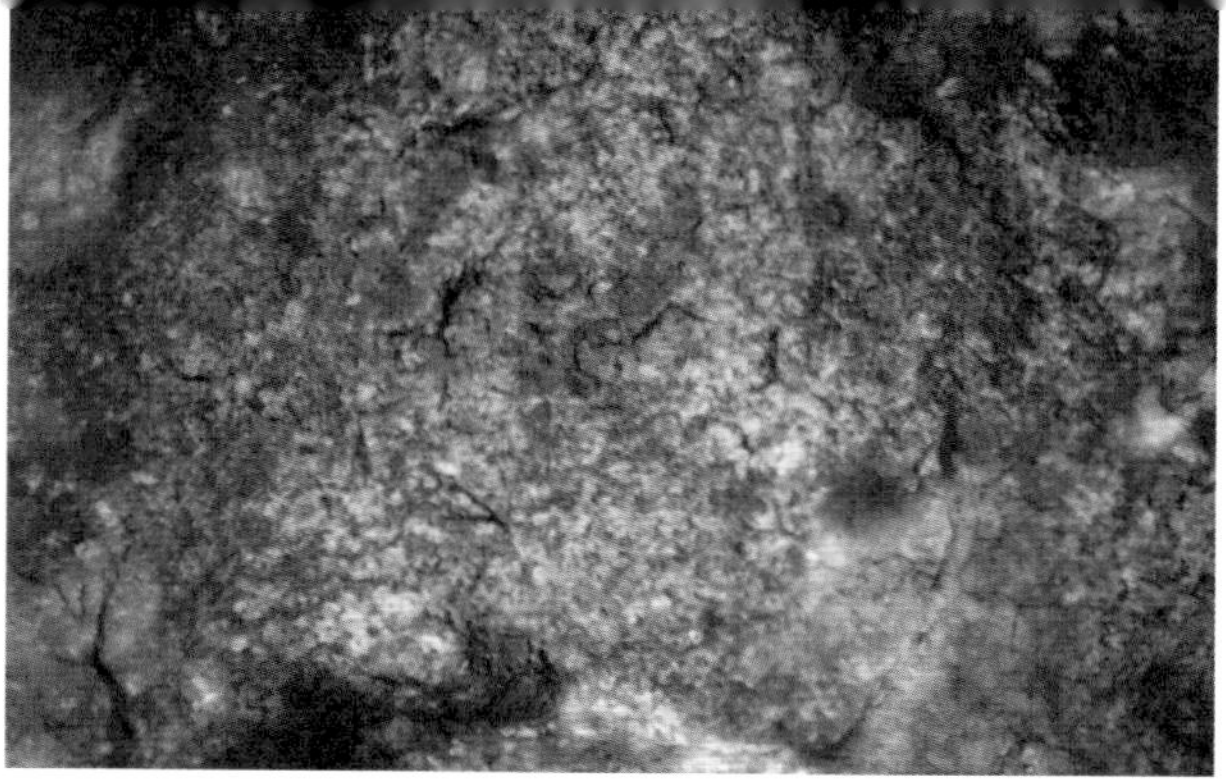

淀城墨書

石垣には刻印以外に墨書や朱書きによる文字も記されている。多くは長い年月が経過して消えてしまっているが、なかには修理の際に背面などから見つかる場合がある。写真は淀城の石垣修理で見つかった墨書。

大坂城本丸南面刻印

大坂城本丸の天端石には石狭間が設けられるとともに、普請を担当した大名の家紋も刻まれている。南面には日出藩木下延俊の「丸に木の地」紋が連続して刻まれている。

富山城五芒星刻印

記号を示す刻印には絵画的な記号もある。その代表的なものが五芒星である。これは石垣を築いたのちに東北隅に鬼門除けとして刻まれたものである。

伏見城刻印

刻印のはじまりは詳らかではないが、伏見城跡から出土した豊臣期のものと考えられる石垣石材に家紋をはじめ多種多様な記号が刻まれている。

石垣の基底部よりの高さを示している。おそらくこうした間数を刻んだ石を準備しながら、工程などを管理していたものと考えられる。

これと同じ刻印が伊賀上野《いがうえの》城の北・西面に築かれた高石垣にも認められる。高石垣を築く場合、とくに高さを調節しながら積むためにこうした刻印を刻んだものを準備したものと考えられる。同様に大坂城外堀の出隅部算木積《さんぎづみ》の巨石には下から八、七、六と数字を刻んだ石材が用いられている。石を切り、運び、積み上げるという工程が分業化するなかで、とりわけ重要な隅石については、石を切る段階で寸法通りの石を切り、運び出す際にこれが何段目の石であるかを積み手にわかるように刻んだものである。

人名の刻印

文字を刻んだ刻印の代表的なものとして人名を刻んだものがある。天下普請によって築かれた城では積んだ大名の名そのものを刻んだ刻印が認められる。慶長十四年（一六〇九）に築かれた丹波篠山《たんばささやま》城では本丸搦手口《からめてぐち》の出隅部に「三左衛門《さんざえもん》」と記されている。

これは丁場を担当した池田輝政《いけだてるまさ》のことである。

また、直接積んだ大名の家臣の名を刻んだものも多い。名古屋《なごや》城の天守台《てんしゅだい》は加藤清正《かとうきよまさ》が担当したが、その東北隅には「加藤肥後守《ひごのかみ》内小代下総《しょうだいしもうさ》」と刻印が刻まれている。加藤清正の家臣である小代下総が担当したことを示しているものと考えられる。大坂城の大手枡形の巨石には「後守内」、「二千ノ内こん太夫」と刻まれた刻印がある。これらは加藤忠広《かとうただひろ》の家臣谷権太夫《たにごんだゆう》によって築かれたことを示している。

石切場にも残る刻印

刻印は天下普請の城や、大大名の居城だけではなく、諸大名の城の石垣に認められる。さらには石を切り出した石切場にも刻まれている。

大坂城の石垣の石材を切り出した瀬戸内海の島のなかで、前島《まえじま》は池田忠雄《いけだただかつ》、堀尾忠晴が石を切り出した島である。ここには堀尾家の家紋である分銅紋などが刻まれている。江戸城の石を切り出した伊豆の石切場や、金沢城の石を切り出した戸室山《とむろやま》にも数多くの刻印が残されている。

金沢城数寄屋刻印
金沢城は前田家の居城であるが、その石垣には数多くの刻印が認められる。とくに石川門枡形南面や、数寄屋の石垣には集中して刻印が刻まれている。

篠山城人名刻印
刻印には家紋や記号のほかに文字を刻んだものも多く認められる。文字刻印でもっとも多いのが人名である。篠山城では普請を担当した池田輝政を示す「三左衛門」を刻む刻印が認められる。

名古屋城人名刻印
名古屋城天守台の普請は加藤清正が担当した。その隅石には加藤肥後守の刻印が刻まれている。写真は大天守の北東隅石垣に刻まれた「加藤肥後守内小代下総」の刻印。

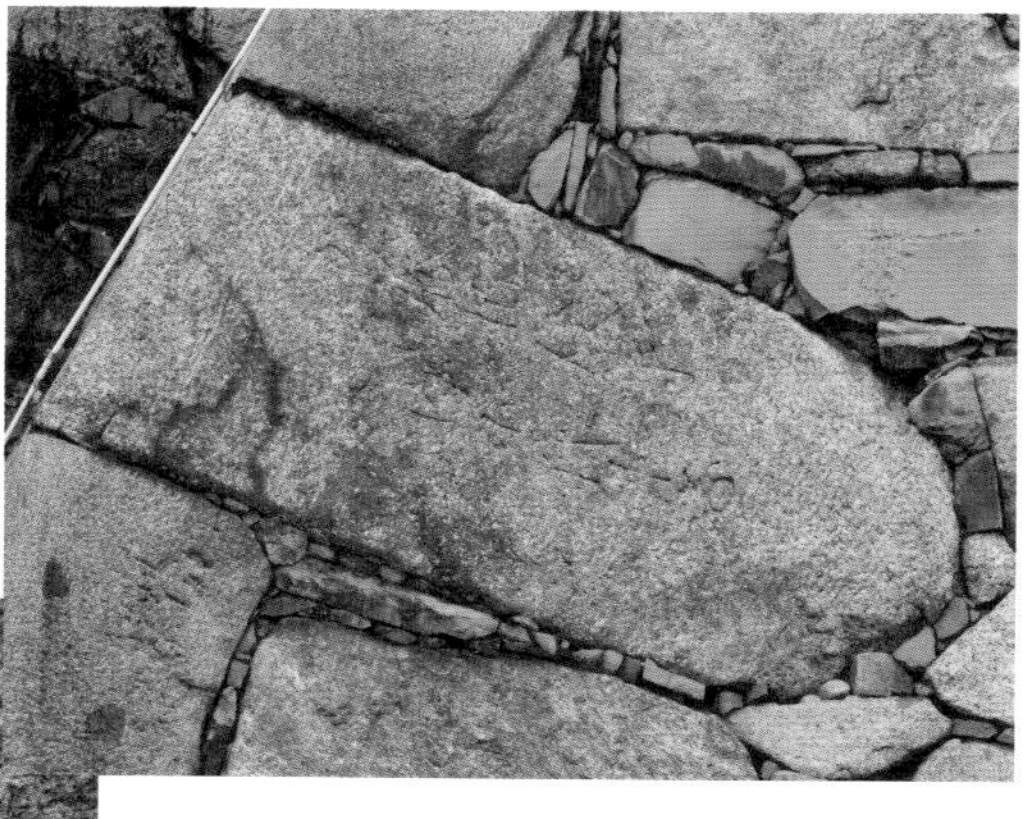

前島の分銅刻印
刻印は城の石垣に認められるだけではなく、石を切り出した石切場にも刻まれている。徳川再建大坂城の石切場となった瀬戸内海に浮かぶ前島には松江藩堀尾家の家紋である「分銅紋」を刻んだ石が多く残されている。

統一政権の誕生により、全国規格の石垣が地方に普及し発展した

石垣構築技術の普及

石垣②

……加藤理文

【大坂城・熊本城・彦根城ほか】

我が国初の総石垣《そういしがき》の城は、織田信長《おだのぶなが》が天下統一の拠点として築いた安土《あづち》城に始まる。ただ、安土城以前にも、各地に石垣もしくは石積み技術は存在し、城に使用されていた。信長も、最初の居城・小牧山城で巨石を三段の石垣として積み上げ、岐阜城でも石垣を使用している。こうした石垣のほとんどが、曲輪《くるわ》の土留めのためとか、重要部分（たとえば虎口《こぐち》）の強化のためであった。年代的には十六世紀後半のことになる。この時期の石垣に共通項はなく、その地方独自の技術によって積まれていた。

統一政権の誕生により、信長・秀吉《ひでよし》の築いた石垣が全国規格となり、地方にあった石垣技術は自然淘汰され、現在の石垣が普及した。慶長前半期、算木《さんぎ》積《づみ》はほぼ完成し、本格的な高石垣《たかいしがき》の構築も可能となった。この時期の石垣は、粗割《あらわ》りされた石材を使用、ほとんどの石材に矢穴《やあな》が認められる。間詰《まづめ》石は、割石を使用するのが一般化し、隙間なく丁寧に配されている。法面《のりめん》は、比較的緩やかで、五〇度程度の石垣も見られる。

その後、朝鮮出兵、関ヶ原合戦後の大名の配置変えによる新規築城ラッシュにより、石垣構築技術は格段に進歩する。加工石材を使用し、隅だけが完全加工を施した切込《きりこみ》ハギも登場。関ヶ原後の全国的規模の大名配置変えに伴う新規築城の増加と、天下普《てんかぶ》

熊本城二様の石垣
内側の弧を描く緩やかな勾配の石垣が「清正流」と呼ばれる扇の勾配を持つ石垣で、慶長４～５年（1599～1600）に築かれた。外側の急激に立ち上がる石垣は、寛永２～９年（1625～32）に、息子の忠広によって築かれたものになる。石垣構築技術が急激に進歩してことを物語る。（写真は震災前のもの）

請《しん》による負担が、より効率的で量産化を可能とする石垣構築技術を生み出し、それが規格加工石材を生み出すことになったのである。

石垣の発展と普及

織田・豊臣政権の誕生により、城は、戦闘目的だけではなく、政治的シンボルという役目も担うものとなった。統一政権からの築城への関与も強まり、大名たちは、やがて覇者の城を築くことを命じられ、その技術を習得することになる。こうして全国津々浦々に政治的シンボルとしての石垣造りの城が普及したのである。

当初の石垣は、未加工の自然石を積み上げただけであったが、やがて巨大な粗割石を使用。石材間の隙間が大きく空くため、間詰石を多用した。隅角《すみかど》は巨石を利用し、算木積を志向するが、ほとんどが算木までには至っていない。矢穴痕が存在する場合もあるが、量的には多くはない。また、石塔《せきとう》などの転用石が多く認められる。

その後、朝鮮出兵や関ヶ原合戦などにより石垣構築技術は格段に進歩し、加工石材を使用し、隅だけが完全加工を施した切込ハギも登場。さらに効率的で量産化を可能とするために、規格加工石材が普及、やがて、完全な規格石材が用いられていった。築石《つきいし》部分にまで、過度に進んだ加工石材が利用され始めるのは、豊臣氏滅亡（慶長二十年〈一六一五〉）前後のことになる。元和以降の安定政権となった時、「より美しく」という見た目が新たに加味されていくのであった。

さまざまな石垣

現在石垣分類に使用されている「野面積《のづらづみ》」「打込《うちこみ》ハギ（接）」「切込《きりこみ》ハギ」という用語は、荻生徂徠《おぎゅうそらい》が『鈐録《けんろく》』のなかで使用したのが最初で、以後定着した用語である。大きく見れば、野面積から、打込ハギ、切込ハギへと、時代とともに変化している。自然石を積み上げた石垣が古く、加工具合が多いほど新しい石垣になる。だが、石垣は江戸時代を通じ、何度も崩落し積み直しを受け続けた。幕末期にありながら、旧石材を再利用し、野面積を保った石垣も存在するため、注意を要する。

また、石垣は使用する石材によって見た目が大きく異なる。比較的加工がしやすい花崗岩《かこうがん》と、すぐに割れてしまう珪岩《けいがん》、砂岩《さがん》では、当然石垣に違いが出てくる。石材調達が容易であれば、もっとも加工しやすい石材を使用して、全国津々浦々に同様な石垣が出現し、発展していったはずである。石材調達が容易でなく、加工技術が異なるため、同時期に築かれていながら、さまざまな石垣が見られるのである。

土塁《どるい》を補強するためや、石材が少なく石垣を節約するための工夫も見られる。土塁上部のみの石垣使用を鉢巻石垣《はちまきいしがき》、下部のみ使用を腰巻石垣《こしまきいしがき》と呼ぶ。より効果を得るために、両者を併用する場合も多い。石材不足を補いながら、総石垣に匹敵する方策として評価される。また、幕末近くになると、実例は少ないものの石垣の防御機能を増す工夫として、天端《てんば》石《いし》の一石下を外へ張り出させる跳出《はねだし》（桔出）も登場

野面積の石垣
（吉田城本丸鉄櫓西下）
ほぼ未加工の自然石を積み上げた石垣。隙間には間詰石を丁寧に詰めている。石材は不揃いだが、長辺方向を横に積む傾向が見られる。

打込ハギ乱積の石垣
（名古屋城本丸）
粗割加工した不揃いの石材を、隙間を減らすかのように積み上げている。石材間の隙間には、丁寧に間詰石を詰めている。横メジは通らない。

切込ハギの石垣（金沢城石川門）
隅角は完全な算木積となり、築石部も完全加工された石材となる。見た目の美しさを追求し、あえて石材をさまざまな形に加工し組み合わせている。

広島城天守台隅角
算木積を志向するものの、完全な算木ではなく巨石を巧みに配置することで強度を増している。文禄年間（1592 ～ 96）頃に毛利氏の手によって築かれた石垣で、ほとんどが自然石だが、粗割りされた石材もわずかに認められる。

する。実例は非常に少なく、人吉城《ひとよし》、五稜郭《ごりょうかく》、東京湾の台場《だいば》でしかみることはできない。

石垣の分類

石垣を大きく分類すると、石材の加工具合によって三種類に分類される。

自然石をほとんど加工せず積み上げた石垣を野面積（野面）と呼ぶ。石材は、未加工の小、中自然石を使用する場合が多い。石材間の隙間が空くため、間詰石を詰めることもあった。法面の傾斜角は比較的緩やかで、高さは低い。転用石（五輪塔《ごりんとう》・宝篋印《ほうきょういん》塔《とう》など）の使用も認められる。

粗割石の接合部を加工し、石材間の隙間を減らし、その隙間に丁寧に間詰石を詰めた石垣を打込ハギ石垣と呼ぶ。法面の傾斜角は、野面積に比較し急になる。高石垣も登場し、反《そ》りの強い「扇《おうぎ》の勾配《こうばい》」も見られる。天正年間後半から広く用いられるようになるもっとも一般的な石垣である。

切込ハギ石垣とは、石材を徹底的に加工し、石材間の隙間をなくした石垣である。法面は急勾配となる石垣が多い。隅角部分から使用が始まり、元和年間（一六一五〜二四）以降、築石部にも使用された。

石の積み方による分類

石の積み方からは、大きく布積《ぬのづみ》と乱積《らんづみ》に分けられる。布積とは、石材を横方向に並べて据え、横メジ（目地）が通るように積み揃えられた石垣。石材が同程度の大きさに加工された場合が多い。乱積は、石材が不揃いであるため、横メジが通っていない石垣を呼ぶ。石材間の組み合わせが難しい。このほかに、変則的な石垣も存在するが、ほとんどが江戸後期以降の新しい積み方である。石材を斜めに積んだ落積《おとしづみ》（谷積《たにづみ》）、六角形に加工した石材を利用した亀甲積《きっこうづみ》、大きさの揃った四角形の石材を積み上げた間知石積《けんちいしづみ》などである。

塁線の強化

近世城郭では、石垣構築技術の進展があり、多方面から効果的に横矢《よこや》を掛ける（側面から攻撃する）ことが可能となった。石垣の角地は、L字を呈し死角になりやすいため、隅角部を内側に折り曲げて横矢を掛ける「入隅《いりすみ》」や、外側に突出させて横矢を掛ける「出隅《ですみ》」が生み出された。さらに、長大な塁線に入隅と出隅を繰り返して配置し横矢を掛ける「雁《がん》行《こう》」、塁線に鋸刃《のこぎりば》のような折れを設けた「屏風折《びょうぶおれ》」などが工夫され、多方面からの一斉射撃が可能となった。同様の効果を狙ったものに、塁線を緩い曲線状にすることで、連続横矢を掛ける「横矢邪《よこやひずみ》」がある。

石垣を凹型にへこませると、塁線には向かい合わせで突出部ができることになり、両サイドから横矢を掛けることが可能になる。これを「合横矢《あいよこや》」と呼ぶ。合横矢とは逆に、塁線に凸型に突出部を設け、横矢を掛けるようにしたものは「横矢枡形《よこやますがた》」と呼ぶ。

石垣構築技術がほぼ完成域に達したことにより、石垣も自由度を増し、思った通りに折れや角度をつけることが可能になったのである。石垣の強度そのものは、時代とともに退行し安政年間以降の石垣は、裏込め石の充填が薄くなったため、地震や自然災害に弱く、崩れる頻度も増し、積み直しを受ける回数が増加することになった。

彦根城表門付近の鉢巻、腰巻石垣

石材の少なさを補うために、石垣は上部と下部のみとし、真ん中は土塁として残した。ほぼ総石垣と同様の防御となり、省力化の一方策である。石材の少ない東国や、徳川幕府系の城に多く見られる。

大坂城二の丸南面の石垣塁線

二の丸南面には、西端に七番櫓、東端に二番櫓を配置し、入隅と出隅の繰り返しの雁行、五番と四番櫓、三番櫓の箇所を横矢枡形とし、四番と三番櫓の間を合横矢にする厳重さであった。現在、六番櫓のみ現存する。

石垣よりも多く築かれていた近世城郭の広大な外郭塁線の防御設備

土塁

【高崎城・鶴ヶ岡城・土浦城ほか】

中井 均

近世城郭《きんせいじょうかく》のイメージは天守閣《てんしゅかく》、石垣《いしがき》、水堀《みずぼり》ではないだろうか。土塁《どるい》は戦国時代の城に用いられたものであり、近世の城では用いられていないと思われがちである。しかし近世の城でも土塁は築かれており、実際には石垣よりも多く築かれている。

とりわけ関東以北の城は土塁によって築かれた城が多い。従来こうした北国《ほっこく》では石垣の石材が産出しないため土塁造りの城となったといわれるが、石材がなければ持ってこさせるのが近世大名権力である。北国の大名の居城が土塁造りとなったのは彼らの城造りが戦国時代を踏襲したものであったことに起因すると考えられる。

一方、西国《さいごく》の城でも城域すべてを石垣とする城はほとんど存在しない。本丸や二の丸といった中心部は石垣で築くが、三の丸などの外郭《がいかく》線は土塁で築かれている。広大な外郭の塁線は土塁と水堀によって防御されていたのである。

近世城郭にも多い土塁

戦国時代の城が土塁で、近世の城が石垣であると思われているようだが、近世の城にも土塁は用いら

高崎城三の丸土塁
関東周辺の城は中心部も土塁によって築かれていた。廃城後、土塁は壊しやすかったためにほとんど残されていない。高崎城も城域のすべてが土塁によって築かれていた。中心部は維新後破壊されてしまったが、外郭の三の丸土塁が見事に残されている。

れている。実際には石垣以上に多用されているといっても過言ではない。この近世城郭の土塁には大きく二つの系譜が存在する。ひとつは東国《とうごく》の城に土塁が多く用いられる点と、もうひとつは西国の城でも外郭線は土塁によって築かれているという点である。ここではこの二つの用いられ方に注目したい。

さて、その前に土塁（または土居《どい》）の構造について見ておきたい。戦国時代の土塁は、基本的には堀を掘った土を掻《か》き揚げて築いたものであった。このため、戦国時代の城を掻揚城《かきあげじろ》と呼ぶことがある。近世城郭の土塁は軍学書に上辺を褶《ひらみ》、底辺を敷《しき》、傾斜面を法《のり》と記している。さらに土塁には「たたき土居」と「芝土居」の二種類があるとしている。たたき土居は粘土や礫《れき》を土に混ぜて突き固めたもので、芝土居は土塁の崩落を防ぐために法面に芝を植えたものである。

林子平《はやししへい》は『海国兵談《かいこくへいだん》』のなかで土塁には香附子《こうぶし》や麦門冬《ばくもんどう》といった芝笹類《しばざさ》を植えよと記している。また、土塁の傾斜については山鹿素行《やまがそこう》が『武教全書《ぶきょうぜんしょ》』のなかで、たたき土居は褶が二間、敷が八間、勾配《こうばい》を四五度に、芝土居では褶が二間、敷が六間、勾配を六〇度とするよう記している。また、有沢武貞《ありさわたけさだ》は『軍《ぐん》詞之巻《しのまき》』のなかで土塁の外法《そとのり》を急勾配とし、内法《うちのり》を緩傾斜にするよう記している。ただしこれらは軍学という机上のシミュレーションの世界であり、実際に築かれた土塁にこうした規格が貫徹されているわけではない。

東国大名の築城思想を反映

『明良洪範《めいりょうこうはん》』という書物のなかに「古《いにしえ》の定めに堀は東国大名、石垣は西国大名」と記されているように、土塁によって築かれた近世城郭は東国に圧倒的に多い。関東以北の近世城郭は基本的に石垣を用いず、土塁によって築かれていた。従来は関東以北では石垣の石材がないためにやむなく土塁によって築かれたといわれていたが、ほぼ東国の城すべてが土塁によって築かれていることから、単純に石材不足と片付けるわけにはいかない。東国の近世城郭は戦国以来の東国大名の「城は土造り」という築城思想が色濃く残った結果といえるのではないだろうか。

彼らの近世化はむしろ天守《てんしゅ》や櫓《やぐら》といった作事《さくじ》に向けられたようである。たとえば佐竹《さたけ》氏の城を見ると、常陸の戦国大名から豊臣大名になった段階で築いた水戸《みと》城は城域のすべてが土塁と空堀《からぼり》によって築かれていた。関ヶ原合戦によって減封され、秋田に移封されると、久保田《くぼた》城の築城を行うが、ここでも石垣は一切用いていない。津軽《つがる》氏の場合も同様に豊臣大名の段階で居城としていた大浦《おおうら》城は土造りの城であり、関ヶ原合戦後に新たに築いた弘前《ひろさき》城も大部分は土塁によって築かれていた。

また、江戸《えど》城を防御するために周辺に築かれた譜《ふ》代大名《だいだいみょう》の居城もすべて土塁によって築かれている。これは関東の良質の石材のひとつに伊豆の安山岩《あんざんがん》（伊《い》豆石《ずいし》）があるが、この石材は江戸城にのみ供給されるものであり、関東周辺では用いることが許されなかったために土塁造りとなった可能性が高い。

ところで土塁を補強するために土塁の上部に石垣が築かれることがある。この石垣を鉢巻石垣《はちまきいしがき》と呼ぶ。また下部に石垣が築かれる場合もあり、これを腰巻《こしまき》石垣《いしがき》と呼ぶ。石垣を節約し、その一部を土塁で代替

鶴ヶ岡城本丸土塁
鶴ヶ岡城は本丸、二の丸、三の丸を回字形に備える輪郭式縄張で、土塁と水堀によって築かれている。本丸、二の丸は鉢巻石垣とし、土塁や櫓が構えられ、門周辺のみ石垣としていた。

土浦城土塁
土浦城の土塁は「葺き石状遺構」と呼ばれ、堀に面した上側にはこぶし大の礫が張り付けられていた。おそらく装飾的な効果を狙ったもののようである。

姫路城中堀の土塁
姫路城といえば石垣というイメージが強い。しかし広大な外郭を守る中堀に沿っては土塁が巡らされ、虎口周辺のみを石垣としている。なかでも北辺の土塁は規模が大きく築かれている。

彦根城内郭土塁
彦根城の内堀内側は内郭と称されている。その塁線は石垣と、鉢巻・腰巻石垣、腰巻石垣と３種類の構造で築かれている。そのなかで表御殿の塁線は水堀際のみを腰巻石垣とし、上部を土塁としている。

したものである。鉢巻石垣は櫓や堀などの建物を建てる基礎ともなる石垣で、腰巻石垣は水堀から立ち上がる土塁の土留めとして用いられた。江戸城をはじめ、会津《あいづ》若松《わかまつ》城、白河《しらかわ》城など東国の城に多いが、西国では彦根《ひこね》城に多用されている。彦根城の内郭《ないかく》は、琵琶湖の内湖《ないこ》である松原内湖《まつばらないこ》に接する塁線は石垣となり、内堀に接する部分は鉢巻石垣と腰巻石垣となり、表御殿の正面は腰巻石垣とし、上部は土塁としている。

西国の城の石垣と土塁

こうした東国の土塁造りの城に対して、西国の城は基本的には石垣で築かれている。しかし、石垣で築かれているのは本丸や二の丸といった城郭の中枢部のみで、惣構《そうがまえ》と呼ばれる城下町を取り囲む外郭線に目をやると、西国の城も土塁によって築かれている。外郭までも徹底して石垣によって築かれた城は大坂城と赤穂城くらいで、ほかの城は土塁によって築いている。外郭線は戦いともなれば防御の最前線になるところである。そこは土塁によって守られていたのである。門周辺と櫓台《やぐらだい》のみが石垣によって築かれているだけであった。

姫路《ひめじ》城では中堀の遺構がほぼ残されている。その北辺にはいまも巨大な土塁が認められる。また、伊《い》予《よ》松山《まつやま》城は詰城《つめのしろ》として山頂に本丸、さらには天守曲輪《てんしゅくるわ》となる本壇《ほんだん》が構えられ、中腹には藩主の御殿が構えられている。これらは高石垣によって築かれている。一方、山麓には方形の堀によって区画された三の丸が位置している。ここには藩邸が置かれていたが、この周囲のみは土塁であった。彦根城も同様に内郭、中郭は石垣によって構えられていたが、三の丸と呼ばれる外郭は土塁によって築かれていた。その大半は埋められてしまい、南東隅の一角にかろうじて土塁が残るのみである。

明治維新後、惣構は都市として再編成されるわけであるが、その際土塁は壊しやすく、ほとんどの城郭で破壊されてしまい、中心部の石垣のみがかろうじて生き残る結果となった。このため近・現代人にとって、残された石垣だけが近世城郭の姿と映ってしまったようである

江戸城喰違土橋

徳川家康によって築かれた江戸城の外郭は壮大な土塁によって構えられた。外郭の城門は見附と呼ばれ、石垣による枡形虎口であったが、喰違土橋だけは土塁であった。

山形城二の丸土塁

山形城も本丸、二の丸を回字状に配する輪郭式の縄張で構えられている。しかし単純な回字ではなく、二の丸の塁線には折が多用されている。門部分を石垣で枡形とする以外はすべて土塁によって構えられていた。

会津若松城天寧寺町土塁

会津若松城には長大な外郭が構えられていた。外郭には土塁と堀が巡らされ、16ヶ所の郭門が設けられた。そのうち主要な３ヶ所は石垣で築かれていたが、他は土塁であった。

伊予松山城三の丸土塁

伊予松山城は山城として築かれ、山頂の本丸や中腹の二の丸は高石垣で築かれている。しかし山麓に構えられた藩庁としての三の丸は土塁と水堀によって構えられていた。

平城の普及によって、城は広大な規模を持つ水堀で囲まれていった

水堀

堀①

【広島城・吉田城・五稜郭ほか】

加藤理文

堀《ほり》の出現は早く、土塁《どるい》とともに縄文《じょうもん》・弥生《やよい》時代にすでに存在していた。当初は、区画程度の溝であったが、やがて大規模化し、集落を取り囲むなど防御性が向上していった。

中世段階の堀は、山城《やまじろ》が主流であったため大部分が水のない空堀《からぼり》であった。その後、平山城《ひらやまじろ》と平城《ひらじろ》の普及によって、大規模な水堀《みずぼり》が出現してくる。石垣構築技術の進展によって、河川の河口部や沼地や湖を利用した築城が増えたことで、水を防御施設として堀内へ取り込んだのである。また、湧水を処理するためや、城の巨大化に伴い雨水や生活排水の処理も必要となってきた。軍事面では、鉄砲の普及によって射程距離が伸び、堀幅を広げる必要性に迫られてきたのである。

水堀の普及は、地形的問題を克服するためや、政治経済の中心として、より大規模化が進む過程での、水処理を解決するための手段と、軍事面からという両面からの必要性によって普及したのである。

近世城郭《きんせいじょうかく》に多用された水堀は、空堀に比較し、有利であるため普及したわけではなく、前述のようなさまざまな要素が絡み合った結果なのである。こう

広島城の本丸を囲む内堀
太田川河口の三角州を利用し築かれた平城で、広島湾の港と直結し、満潮時には堀に海水が逆流する程であった。東に太田川、西を京橋川が流れ、それらの水を取り込み三重の堀で囲い込む姿であった。写真の堀は、記録では幅53間とある。

して普及した水堀をより強固な防備施設とするため、幅を広げるだけでなく、曲輪《くるわ》を二重、三重に取り囲むようになっていった。

堀の発展と水堀の普及

堀は、攻め寄せる攻城軍を城内に侵入させないようにするための遮断線で、土塁や石垣の前に位置する最前線の防御施設である。堀の歴史は古く、縄文・弥生時代にまで遡る。当初の堀は、害獣から集落や耕作地を守るために掘られたもので、小規模な区画溝のような施設であった。

堀は、水が張られた水堀と、水のない空堀とに大別される。水が張られた堀は、「濠」と記されることも多い。城の周りに低湿地や湖沼群が展開する地形では、水堀とも空堀とも区別のつかない泥田堀《どいたぼり》も見られる。山城や平山城では、山麓や丘陵裾に河川の流れを取り込み、天然の堀とする場合もあった。

平山城と平城の普及は、大規模な水堀を誕生させた。急激な築城技術の進展、とくに石垣構築技術の発展は、河川の河口部や沼地、海や湖を利用する築城を容易にした。周囲に広がる水や湧水処理のために、堀に水が溜められた。また、大規模な建築物が建ち並ぶ近世城郭では、生活排水の処理も大きな問題であった。軍事的問題として、鉄砲の普及によって射程距離が伸び、堀幅を広げる必要性にも迫られていた。こうした時代背景のなか、大規模な堀はまさに一石三鳥程の便利な施設だったのである。

堀底の形態と水位調整

堀は、堀底の形態によって薬研堀《やげんぼり》・片薬研堀《かたやげんぼり》・毛《け》抜堀《ぬきぼり》・箱堀《はこぼり》と大きく四種類に分類されるが、時代の流れや堀の用途によって異なるのであって、意図的に底を変化させたというわけではない。近世城郭の水堀の大部分は断面箱型の箱堀となる。堀幅を広げていけば、当然堀の両側斜面が離れていくので、平らで広い堀底が生まれ、箱堀となる。だが、沼地や河川、湖といった自然地形を利用したり、自然地形を取り込んで水堀としたりする場合は、あえて箱堀とする必要もなく、水を湛える広大な堀とするだけでよかった。

近年、発掘調査によって水堀のなかに、堀底を仕切るような土塁状の障壁を設けた堀障子《ほりしょうじ》ともいうべき遺構が検出されている。江戸《えど》城の外堀、小倉《こくら》城、米沢《よねざわ》城、大坂《おおさか》城三の丸、加納《かのう》城などで確認されており、いずれも関ヶ原合戦直後の、徳川《とくがわ》氏と豊臣《とよとみ》氏の対立関係が続く緊迫した情勢の時期に構築されている。そのため、軍事的増強が目的と考えられるが、はたして水を湛えた水堀の底に堀障子を配してどの程度効果があったかは、なんとも言いようがない。また、水堀の中ほどや水際には、逆茂木《さかもぎ》や乱杭《らんぐい》と呼ばれる障害物を設置し、寄せ手の兵を簡単に近づけない工夫も施されていた。

水堀は、同一レベルが保たれた平坦面に設けられれば水位調整の必要はないが、傾斜地に築かれた場合は、水が流れ落ちないように堰《せき》を築く必要があった。そのため、水面をひと続きにしないで土居《どい》で区切り高低差を付けることも行われている。これを水《み》戸違《とちが》いとも呼ぶこともあり、土居を土橋《どばし》とすることもあった。江戸城の半蔵門《はんぞうもん》土橋《どばし》は、桜田濠《さくらだぼり》と半蔵濠《はんぞうぼり》の高低差を補うための土橋である。

江戸城桜田濠を望む
桜田濠は、もともと沢筋にあたり半蔵門付近から谷が入る地形であった。そのため、もとの地形を生かしつつ堀を設けたことで、幅広の深い水堀が完成した。半蔵門土橋によって、水位調整がなされていた。

駿府城の現在の水位調整
城は、安倍川寄りの北西側が高く、清水側の南東側が低いため、水位調整の堰を随所に設けないと、水が南東側に常に流れることになる。そのための堰が現在も数ヶ所に築かれている。最終的に水が集まる場所の地名が「水落」となる。

大河と繋がる桑名城の外堀
旧状を良く留め、石垣も残る三の丸西側の堀跡。堀に面した石垣の内、川口樋門から南大手橋に至る延長約 500m が現存し、現在も揖斐川と接続し、多くの船の停泊場となっている。

吉田城の堀に利用されたに豊川
城は、北側背後に大河・豊川を背負い、前面にコの字状に本丸・二の丸・三の丸、さらに惣構を配す構造であった。北側の防衛ラインは、東から西に流れる豊川で、自然の川を取り込んで堀とし利用していた。

さまざまな水堀

高低差のない平場の城の防衛の主役が、広大な水堀であった。高石垣《たかいしがき》とセットにすることで、より強固な防衛ラインが構築された。だが、水堀で囲い込むことだけでは、広大な平地の城を守るには不十分であった。そこで、堀を二重、三重に廻らせる例が多く見られる。二重の場合は、内堀《うちぼり》と外堀《そとぼり》、三重の場合は内堀・中堀《なかぼり》・外堀と呼ぶ。城郭部分だけでなく、城下町までを含めて囲い込む堀を惣構《そうがまえ》（総堀《そうぼり》）といい、江戸城では山の手線内すべてが囲い込まれて、総延長は、じつに一四キロメートルに及んだ。

水堀は、空堀と違い幅が広ければ広いほど防備能力はより強固なものとなった。水堀を渡るには、泳いで渡るしか方法はなく、重い鎧兜《よろいかぶと》や刀や鑓《やり》を持った完全武装の状態では、堀に入るのは無理であった。簡易な服装では、城内からの攻撃に無力で、武装していれば動きが鈍くなって、これまた鉄砲の餌食になってしまう。

いずれにしろ、水音をたてれば守備兵に気づかれてしまう。そこで、水中を潜って進むことになる。これに対して、鳴子《なるこ》のようなものを水中に張ったり、網を張ったりして対処していたという。また、丈夫な蔓《つた》を伸ばす菱《ひし》のような植物を植えることで、同様の効果も得られた。水鳥を堀中で飼育し、その騒ぎ方で侵入者の存在を知ることができたともいわれる。今の世の緊急警報装置ということになろう。

堀の規模

水堀の防御は幅が重要であり、深さは人が呼吸出来ない程度で十分であった。したがって、水深は一間から二間が通常である。深くても三間程度であろう。堀幅が防御機能に正比例するため、超弩級《ちょうどきゅう》の堀も造られた。金沢《かなざわ》城や福井《ふくい》城には「百間堀《ひゃっけんぼり》」の異名を持つ堀が存在した。実際に百間を測ったわけではないが、一〇〇メートル超の幅を誇っていた。江戸城・津《つ》城・広島《ひろしま》城・佐賀《さが》城・大坂《おおさか》城などは五十間級の水堀が城の周囲を取り囲み、防御を固めていた。

究極の水堀は、湖や海をそのまま取り込んだもので、瀬戸内海に見られる村上水軍《むらかみすいぐん》の城である能島《のしま》城などが最たるものであろう。また、藤堂高虎《とうどうたかとら》の築いた甘崎《あまさき》城は、島を利用し築かれた総石垣《そういしがき》の近世城郭であった。瀬戸内の海は水の流れが速く、時間によって変化するため、攻城側にとっては厄介このうえない存在でもあった。

近世になって築かれた海城は、湖や海の水を巧みに城内の堀に取り込んだり、海に面して曲輪を設けたりして、水をフルに利用した城である。これらの城は、船が移動手段となるため、往時の様子を伝える絵図を見ると、堀内に船入《ふない》りを設けたり、海に面して船溜《ふなだまり》が置かれたりしていた。全国には数多くの船入りや船溜があったが、ドックの跡が残るのはわずかに大村《おおむら》城、萩城だけである。

旧萩藩《きゅうはぎはん》御《お》船蔵《ふなぐら》は、江戸時代の御座船《ござぶね》の船蔵で、唯一現存する屋根を葺いた建物になる。奥行二七メートル、間口八・八メートル、周囲三方に玄武岩《げんぶがん》の石壁を築き、前面に木製扉を設けている。天保年間（一八三〇～四四）に作成された『八江萩名所図画』には四棟の船蔵が描かれており、現存するのは中央にあった最大の大船蔵である。

海そのものが堀だった村上水軍の能島城

「日本最大の海賊」と称された三島村上水軍の能島村上氏の拠点として築かれた。瀬戸内海の離島である大島と鵜島との間に浮かぶ周囲約１㎞の能島とその南にある鯛崎島で構成され、逆巻く渦が上陸を阻んでいた。

大村城の御船蔵跡

大村湾に面して築かれた藩船（御座船・輸送船・運搬船）を格納するドック形式の船蔵。南から大・中・小と順に規模は小さくなる。最大は長さ約 31 ×幅約 8.4 ｍの規模で、船蔵屋の礎石や石垣が残っている。

「堀といえば水堀」のイメージを覆す、近世城郭にも多用された空堀の威力 ■

空堀

堀②

【彦根城・備中松山城・大坂城ほか】

中井 均

近世城郭《きんせいじょうかく》の堀といえば、満々と水を湛えた水堀《みずぼり》をイメージされるのではないだろうか。しかし実際には空堀《からぼり》も多く用いられているのである。

山城《やまじろ》や平山城《ひらやまじろ》では戦国時代の城と同じように尾根《おね》筋《すじ》を遮断したり、曲輪《くるわ》間を遮断する目的で堀切《ほりきり》が用いられている。この場合、戦国時代より機能している城では戦国期の堀切がそのまま用いられている。

また平城《ひらじろ》では城を囲繞《いじょう》する堀全域、もしくは限定された区画のみをあえて空堀としている。こうした平城の空堀は、軍事的には高石垣《たかいしがき》から飛び降りることができず、堀内に至ったとしても身を隠すことができず、城内からの射程に曝《さら》されることとなる。

土木的には城の周囲に高低差がある場合、堀内の高さを調節するために空堀としたようである。変わった堀としては堀障子《ほりしょうじ》や畝堀《うねぼり》といった堀内障壁も関ヶ原合戦後の一時期にのみ用いられている。

近世城郭にも多く見られる空堀

近世城郭の堀といえば水堀の印象が強いが、じつは空堀も多用されている。山城や平山城の場合は尾根筋を遮断する堀切が用いられている。

彦根城天秤櫓前面の堀切
関ヶ原合戦後に築かれた彦根城は、山城として築かれ、山頂主要部の南北面にそれぞれ堀切を設けて、山麓からの進入を完全に遮断している。西の丸前面の堀切は斜面部を竪堀としている。

彦根《ひこね》城は慶長九年（一六〇四）に井伊直継《いいなおつぐ》によって築城が開始されたが、その普請《ふしん》には手伝普請《てつだいぶしん》として全国の大名《だいみょう》が助役《すけやく》として動員された天下普請《てんかぶしん》であった。関ヶ原合戦は終わったものの豊臣秀頼《とよとみひでより》は大坂《おおさか》城に健在で、軍事的緊張は一気に高まる。この豊臣秀頼との戦いに備えたのが彦根城である。そうした築城の経緯からも彦根城が極めて実戦的に築かれた城であったことがわかる。

彦根山の頂部に構えられた本丸、太鼓丸《たいこまる》、西の丸の主要部を守るため、太鼓丸と西の丸の前面には巨大な堀切が設けられた。太鼓丸前面の堀切は大手門と表御門から登城道を登りきったところに構えられており、堀切に至った敵を太鼓丸先端に配置された天秤櫓《てんびんやぐら》と堀切の対岸に構えられた鐘《かね》の丸《まる》から挟撃できる構造となっている。西の丸前面の堀切も同様で西の丸先端に配置された三重櫓と付属する多門櫓からの攻撃にさらされるように工夫されている。さらにいずれの堀切にも架けられた木橋は敵の襲撃時には落として橋を渡らせないよう考えられていた。加えて西の丸の堀切は両側斜面を竪堀《たてぼり》としており、斜面移動すら封鎖していた。

彦根城の縄張でとくに著名なものに登り石垣がある。敵の斜面移動を封鎖するもので、絵図には瓦塀《かわらべい》と記されている。この登り石垣の城外側には竪堀が掘られ、より強力な防御施設としている。

佐伯《さいき》城は関ヶ原合戦後の慶長七年（一六〇二）に毛利高政《もうりたかまさ》によって築かれた山城である。築城当初は山上部に居住空間をともなう実戦的な山城であった。この本丸と二の丸において規模は小さいが、両側の切岸を石垣としている。

備中松山城《びっちゅうまつやま》は戦国時代には大松山《おおまつやま》の山頂に構えられていたが、近世の松山城はその山復の一支脈、小《こ》松山《まつやま》に構えられた。このため、城の背後が高くになるため、堀切を設けて背後を切断している。

こうした曲輪間の堀切に対して、派生する尾根上に曲輪が築かれるが、その先端に尾根を遮断する目的で堀切が導入されている。ただし、こうした曲輪先端部の堀切は戦国時代の堀切を踏襲している事例も多い。大和《やまと》高取《たかとり》城では各尾根筋の先端に堀切が設けられているが、それらは尾根を断ち切るのみで石垣などは用いられておらず、戦国時代の堀切をそのまま再利用している可能性が高い。ところが吉野へ通じる尾根筋の先端に構えられた二本の堀切の切岸には石垣が用いられている。とくに外側の堀切は弥《み》勒堀切《ろくほりきり》と称され、高取城中でもっとも強固に構えられた堀切であった。

高取城同様に四方に広がる尾根の先端をことごとく掘り切った山城に岩村《いわむら》城がある。本丸の南方に伸びる尾根筋には二重の堀切が認められるが、これは戦国時代の遺構と見られる。

平城の空堀

平城でも横堀《よこぼり》を空堀としている場合がある。徳川再建大坂城は回字形の輪郭式《りんかくしき》縄張となり、内堀、外堀ともに水堀となるが、本丸正面のみ空堀としている。軍事的に考えるならば、高石垣直下を空堀としているため、飛び降りることはまず不可能である。なんとか石垣を伝って堀底に降りたとしても、隠れる場所はなく、城内からは狙い撃ちされてしまう。このようにじつは水堀よりも空堀の方が防御力は強

佐伯城堀切
佐伯城は関ヶ原合戦後に新たに築かれた山城である。その本丸と二の丸間に極めて小規模ではあるが、石垣によって堀切が築かれている。

備中松山城の堀切
近世の備中松山城は山頂に構えられたのではなく、小松山と呼ばれる尾根頂部に築かれていた。背後には大松山がひかえており、その後方防御のために尾根を切断する堀切が構えられた。

高取城の堀切
日本三大山城のひとつ、大和高取城では曲輪を構えた尾根筋の先端にはすべて堀切を構えている。これらは尾根を切断する堀切であるが、吉野方面の堀切は弥勒堀切と呼ばれ、両岸を石垣によって築いている。

大坂城本丸空堀
徳川再建大坂城の本丸正面は空堀となっていた。巨大な空堀は圧倒的な強さを見せる一方、本丸の高低差から生じた空堀とも考えられる。

力であることがわかる。

では、なぜ近世城郭で空堀があまり採用されなかったのであろうか。そのひとつの理由として、巨大な堀を掘削した際に生じる湧水や城内の排水処理の問題があり、水堀になったものと考えられる。

ところで大坂城本丸正面の空堀を土木的に考えた場合は、台地の縁辺に構えたという地形的問題とも考えられる。本丸の周囲全域を水堀にしようとすると、台地側となる本丸正面をかなり深く掘削しなければならない。このため正面を空堀にせざるを得なかったとも考えられる。名古屋《なごや》城の場合は外構《そとがま》えとなる三之丸の東西面を空堀としている。この場合は外郭を防御するために空堀としたものと考えられる。

高い防御力を持った堀内障壁

近年の発掘調査で近世城郭にも堀障子や畝堀といった堀内障壁が検出されている。敵の堀内移動を封鎖するもので、戦国時代の北条《ほうじょう》氏の城に多く構えられ、近世城郭には伝わらない防御施設と見られていた。それが豊臣大坂城の三の丸から検出され話題を呼んだ。おそらく大坂冬の陣を控えて豊臣方が急遽造営したものと考えられる。北条氏の堀障子や畝堀は空堀に備えられたものであるが、大坂城の場合は、浅い水堀の底に設けて、そこに進入した敵の足元を払う目的で構えられたものであった。

大坂城の調査と前後して、米沢《よねざわ》城、高崎《たかさき》城、加納《かのう》城、小倉《こくら》城などからも堀障子や畝堀が検出されている。これらは関ヶ原合戦後に設けられたようで、やはり徳川対豊臣の最終戦争を目前とした軍事的緊張を伝えている。ところが、堀内障壁は大坂の陣が終わると不要のものとなったようで、メンテナンスされることなく、すぐに自然に埋もれてしまい、その存在すら藩内でも忘れ去られたようである。

なお、こうした堀内障壁は開発にともなう緊急発掘調査で検出されたものばかりで、調査後は破壊されてしまい、現在見ることができないのは残念である。

近世城郭の堀は決して水堀だけではなく、このようにさまざまな形状の堀が構えられ、防御力を強固なものとしていたのである。

名古屋城空堀
名古屋城は本丸の周囲、西丸の南側、二之丸の東側北部、さらに広大な三之丸の西側や南側西半分と東側北半分を空堀としていた。

大坂城三の丸の堀障子
大坂城の発掘調査で検出された堀障子は豊臣時代に構えられたもので、冬の陣を目前に急遽掘られたものと考えられる。なお、この堀障子は空堀ではなく、水堀の底に構えられたようである。

水戸城空堀
水戸城は常陸の戦国大名佐竹氏が居城として築いた城で、巨大な舌状台地を堀切によって切断して本丸、二の丸、三の丸を構えていた。

金沢城の空堀
「正保城絵図」の控図に金沢城は山城と記されている。その山城部となる本丸と、居住空間となる二の丸の間には空堀が一直線に構えられていた。

全国で進む様々な形の整備復元事業で、城は往時の姿に近づいた

復元された城

【高松城・洲本城・名古屋城・水戸城ほか】

加藤理文

　ここ数年「城ブーム」と言われ、各地の城跡に多くの人々が訪れ、近年販売が開始された「御城印《ごじょういん》」を求める人は後を絶たないと言う。書店にも、城の本が複数並び、城の建物を復元する計画や、既存建物の改修・修理、石垣の積み直し、景観を遮る樹木の伐採など、城を廻る動きが注目を集めている。

　城跡に失われた天守《てんしゅ》が再建された初例は岐阜《ぎふ》城で、明治四十三年（一九一〇）のことであった。続いて、昭和三年（一九二八）に淡路《あわじ》洲本《すもと》城、昭和六年（一九三一）に大阪《おおさか》城天守が復興された。共に、鉄筋コンクリート（RC）造で、モニュメント的意味合いが強かった。明治期に始まった建物再建の動きは、戦前・戦後から現在に至るまで止むことなく続いている。

復元ブームで蘇った多くの天守

　建物復元最初のピークは、昭和三〇～四〇年（一九五五～六五）代前半頃にかけてであった。太平洋戦争の惨禍で失われた天守を再建することで「復興のシンボル」とし、戦後復興が成ったことを広く知らせようとしたのである。名古屋《なごや》城や広島《ひろしま》城、岡山《おかやま》

復元された高松城桜御門
昭和 20 年（1945）の高松空襲で焼失したが、令和４年（2022）、77 年ぶりに復元が完成。幅約 12 m、奥行き約５m、高さ約９mの規模で、三の丸（披雲閣）の正門に当たる櫓門である。

城などがこれにあたる。この時建てられた天守は、二度と燃えないようにRC造とし、外観のみ元に復した天守であった。観光・地域振興が主な目的であったため、正確な復元は、求められなかったのである。その後も、観光目的で城の建物は造られ続けたが、存在が定かでない建物や、本来の場所とは異なる地へ建てられることもあった。

一九九〇年代以降に平成の城郭復元ブームが起こり、本物志向の中で旧来の材料・工法を用い、法的規制をクリアした上で、木造で旧状復元をめざすことが主流となっていった。嚆矢《こうし》となったのは、平成三年（一九九一）に復元された白河小峰《しらかわこみね》城で、次いで掛川《かけがわ》城天守、白石《しろいし》城と新発田《しばた》城の御三階櫓《ごさんかいやぐら》、大洲《おおず》城の天守と五城で木造による再建がなされたのである。

進む天守以外の建物復元

本物志向の中、天守だけでなく他の建物も木造再建が進むことになった。平成十二年（二〇〇〇）、篠《ささ》山《やま》城二の丸大書院が復元されると、ついで、佐賀《さが》城本丸御殿の主要部、熊本《くまもと》城本丸御殿、五稜郭《ごりょうかく》「函館奉行所」も往時の姿に戻された。こうした中で、戦後最大の復元プロジェクトとなったのが、戦災で焼失した名古屋城本丸御殿の完全復元である。足掛け九年かけた復元工事で、将軍上洛の際の居館として建てられた上洛殿などすべての建物が三期に分けて復元された。本丸御殿は、我が国を代表する書院造の建造物で、総面積約三千平方メートル、三〇を超える部屋を備え、室内は豪華絢爛な障壁画・飾金具などを備えていた。これらすべてを詳細な図面や写真などを基に、建築・絵画・美術工芸などの技術を結集し復元したのである。

　また、熊本城や金沢城のように、城内にかつて存在していた建物の多くを復元し、往時の城の規模に戻そうという試みも見られた。熊本城では、地震により罹災し、計画通りの復元には至っていないが、飯田丸五階櫓など櫓五基、城門二基、本丸御殿が復元された。金沢城では、櫓三基、櫓門三基と玉泉院丸庭園が復元され、さらなる復元が計画されている。これら二城は、いずれも国指定史跡であるため、文化庁の示す「歴史的建造物」の復元基準を満たした上で復元されたもので、信頼性は高い。

　昭和二十年（一九四五）の沖縄戦において全焼した首里《しゅり》城は、同六十一年に国営公園として復元整備することが閣議決定され、平成四年（一九九二）に正殿など主要部完成により一部開園し、同三十一年（二〇一九）御内原《うーちばる》・東のアザナエリアを含む全面が開園した。我が国唯一の完全復元された城となったが、同年火災により正殿等主要部が焼失。政府は、直ちに復元を決定し、令和八年（二〇二六）完成を目指し、復旧工事が進められている。

近年の復元

　平成三十一年、廃城令で取り壊された尼崎《あまがさき》城が百四十年ぶりに再建され、公開された。場所も本丸から約三〇メートル北西にずれ、外観も古写真とは異なる上、中央にエレベーターを設けたRC造の再建となった。行政サイドによる再建ではなく、家電量販店「ミドリ電化（現エディオン）」の創業者・安保詮氏が私財を投じて再建し、市に寄贈したものである。木造による本物志向の中、一石を投じる再建と

戦前に建てられた洲本城模擬天守

昭和3年（1928）に、昭和天皇の即位式（御大典）を記念して、RC造で建てられた。我が国最古の模擬天守で、展望台に特化した建物であった。平成25年（2013）屋根瓦の葺替と耐震補強工事が完了したが、展望機能は失われた。

最初の城郭再現ブームで築かれた和歌山城天守

昭和20年（1945）のアメリカ軍による和歌山大空襲により焼失したが、昭和33年（1958）に、RC造で再現された。平成22年（2010）から翌年にかけて、大天守一階や天守曲輪一部の、クリーニング・再塗装が実施された。

復元された名古屋城本丸御殿障壁画

本丸御殿は、昭和20年（1945）に焼失したが、襖や天井板絵などは取り外されて保管されていたため、多くが焼失を免れた。現在、公開中の障壁画は、顔料、材質などを科学的に分析し、江戸時代の絵師たちの伝統的な画法に則って緻密に復元されたものである。

なったが、地元では歓迎されているのも事実だ。

令和（二〇一九年）になって復元された建物は、いずれも古写真が残る「城門」・「櫓」で、発掘成果や文献資料等も併せ詳細な検討を経て復元されている。まず、令和二年に鹿児島《かごしま》（鶴丸《つるまる》）城の「御楼門」の復元が完成。慶長六年（一六〇一）頃に、島津家《しまづいえ》久《ひさ》が築城を開始した鶴丸城の居館（本丸）の正面中央に位置していた城のシンボルで、西郷も大久保も、この門を通っている。明治六年（一八七三）の火災で焼失したが、官民一体となって復元に向けた取り組みが進められ、令和二年に完成を見た。復元は、史実に基づくことを大前提とし、古写真解析や発掘調査成果の検討、絵図を含む文献調査などに取り組みながら調査検討が実施された。完成した御楼門は、高さ、幅共に約二〇メートル、奥行き七メートルで、我が国最大の復元城門となった。

同年、水戸《みと》城でも古写真が残り、明治年間に解体されたと考えられる「大手門」が、鹿児島城同様、古写真の解析、六回に及ぶ発掘調査、絵図などの文献調査に基づく検証を経て完成した。特筆されるのは、大手門の四隅に存在が確認された全国的に見ても珍しい大型練塀（瓦塀《かわらべい》）が復元されたことである。また、翌年には、絵図・発掘成果・実測図等を参考に「二の丸角櫓」も復元された。中央に二重の角櫓、北と東に多門櫓が連結し、L字を呈す二の丸南西隅の櫓で、城下から見上げる場所に位置している。

鳥取《とっとり》城では、大手門の入口の擬宝珠《ぎぼし》橋が平成三十年に復元され、その先に位置する「中ノ御門表門」が令和三年に復元された。枡形《ますがた》石垣の幅いっぱいに構えられた高麗門で、左右の土塀を門の屋根と同じ高さに立ち上げる独特な形式である。この門を入って右に折れる部分に位置する「渡櫓門」も工事が始められ、二〇二五年の完成が予定されている。

令和四年に完成したのが、昭和十九年（一九四四）に旧国宝（現在の重要文化財）指定が内定していたものの、翌二十年の高松空襲で被災し、焼失してしまった高松《たかまつ》城「桜御門」だ。桜の馬場と三の丸（披《ひ》雲閣《うんかく》）を画する位置に築かれた門で、築城後の早い段階で整備された門であった。工事は令和元年度から開始し、発掘調査等を含め完成までに実に足掛け

国営公園として復元された首里城正殿

正殿は、琉球王国最大の木造建造物で国殿、百浦添御殿とも呼ばれ、首里城内で最も重要な建物であり象徴であった。装飾化した龍柱は、日本や中国にも類例がなく、琉球独自の形式である。平成４年（1992）に完成したが、同31年（2019）火災により焼失した。

復興された尼崎城天守

残された絵図や古写真から、外観は四重、白漆喰総塗籠で唐破風や切妻破風で装飾されていたことが判明している。明治６年（1873）の廃城令後に払い下げられ、同12年（1879）までに取り壊された。復興された天守は、RC造で、石垣を含め高さ24 mである。

復元された水戸城大手門

令和２年（2020）に、天保年間（1830 ～ 44）の姿で復元されたもので、高さ約13 m、幅約17m と巨大な櫓門である。復元工事に伴う発掘調査により、門の四隅に大型の瓦塀か発見され、今回復元された。門正面、北側瓦塀下部の小窓から、当時の瓦塀が見られる。

十二年を要している。桜御門の復元は、史跡高松城跡の最初の歴史的建造物の復元整備事業となった。

法改正と今後の課題

令和二年「史跡等における歴史的建造物の復元等に関する基準」によって、従来からの基準が大幅に緩和された。新基準では、調査を尽くしても本来の意匠などを示す資料が見つからなかった場合を「復元的整備」と定義し、史実に忠実な従来の「復元」と区別。不明確な部分を明示し、来訪客にもわかるような形にするなら再建可能としたのである。文化庁は新基準について「老朽化対策や耐震化のために建て替えを検討する自治体の後押しとなれば」としている。「城ブーム」や国のインバウンド戦略などを背景に、「築造」の動きが再び活発になっているが、現時点でこの基準によって復元された建物や、復元を予定する建物はない。従来からの基準をクリアし、木造による完全復元を目指しているのは、名古屋城天守と松前《まつまえ》城天守であるが、未だ計画段階に過ぎない。古写真が残り、発掘調査、天守台の解体修理まで終了した高松城天守が「復元的整備」を目指しているようだが、具体的な取り組みは見えてこない。いずれにしろ、五十年前、六十年前に建てられたRC造の天守が「耐用年数」を超える状況となり、そのまま耐震補強をするか、新たに建て直すとかいった問題が顕在化してくることは確実だ。復興から五十年以上の年月が過ぎ、すでに町のシンボルとして完全に定着している建造物をどう扱うのか。文化財行政の手腕が問われる時は、すぐそこに来ている。

「復元的整備」を目指す高松城天守

寛文10年（1670）、松平頼重によって築かれ、南蛮造で高さ約27mと四国最大の天守だったが、明治17年（1884）に解体された。古写真も残り、発掘調査も実施されある程度の資料が集まったため、「復元的整備」を目指し、天守台の石垣解体修理工事も終了している。

【掲載の城写真・図版一覧（50音順）】

【会津若松城】天寧寺町土塁
【明石城】坤櫓
【尼崎城】天守
【犬山城】天守付櫓、天守石落
【伊予松山城】野原櫓、二の門南櫓、隠門続櫓、戸無門、仕切門東塀、天守曲輪石落、二の丸大井戸、三の丸土塁
【臼杵城】畳櫓
【宇和島城】天守、天守玄関、身舎、天守台犬走り、上り立ち門、山里倉庫
【江戸城】富士見櫓、三の丸桜田巽櫓、外桜田門、同心番所、桜田濠、喰違土橋
【大坂城】二の丸千貫櫓、二の丸乾櫓、大手多門櫓、大手門渡櫓、大手門、金名水井戸、井戸屋形、焔硝蔵、御金蔵、薪蔵古写真、本丸大手門脇土塀、石狭間、本丸西面刻印、本丸南面刻印、二の丸南面の石垣塁線、本丸空堀、三の丸堀障子
【太田金山城】日の池
【大村城】御船蔵跡
【岡山城】天守、天守古写真、天守内部古写真、天守塩蔵立面図、三重櫓、西の丸西手櫓、石狭間
【小田原城】土塀構造模型
【掛川城】二の丸御殿、二の丸御殿玄関
【柏原陣屋】御殿
【鹿島城／鹿島陣屋】本丸表門
【金沢城】御三階図、石川門、菱櫓、五十間長屋、海鼠壁、鶴の丸出窓、鶴丸倉庫、石川門狭間、数寄屋刻印、石川門切込ハギ石垣、空堀
【川越城】本丸御殿、家老詰所、大広間
【鬼ノ城】西門
【熊本城】宇土櫓、宇土櫓内面、飯田丸五階櫓、田子櫓、七間櫓、十四間櫓、東十八間櫓、続櫓、十八間櫓石落、長塀、平左衛門丸の井戸、二様の石垣
【桑名城】外堀
【高知城】天守、天守塗籠土戸、天守忍返、天守石落、西多門櫓、黒鉄門、詰門、本丸御殿、上段の間、武者溜、本丸土塀
【古河城】御三階古写真、御三階図
【小諸城】大手門
【佐伯城】堀切
【佐倉城】御三階櫓跡
【篠山城】二の丸大書院、人名刻印
【志波城】築地塀
【新発田城】御三階、本丸表門
【白石城】御三階
【首里城】正殿
【洲本城】天守
【駿府城】水位調整
【高崎城】御三階立面図、三の丸土塁
【高取城】堀切
【高松城】天守古写真、天守台、月見櫓、艮櫓、北の丸渡櫓、桜御門、水手御門、鞘橋
【土浦城】土塁（葺き石状遺構）
【津山城】天守古写真、天守台
【鶴ヶ岡城】本丸土塁
【鳥取城】御三階古写真、擬宝珠橋
【富山城】五芒星刻印
【名古屋城】天守、天守古写真、天守台古写真、武者走り古写真、復元天守、御深井丸戌亥櫓、本丸西南隅櫓、二之丸東二之門、二之丸大手二之門、本丸御殿、本丸御殿障壁画、剣塀、南蛮練塀、人名刻印、本丸打込ハギ乱積の石垣、空堀
【七日市陣屋】御殿
【二条城】二の丸御殿、唐門、車寄、勅使の間、式台の間、大広間、一の間·二の間、遠侍、米蔵、黒書院、白書院、御清所、台所、二の丸御殿配置図、二の丸庭園、二の丸西南隅櫓、二の丸西門、桃山門大手門番所
【能島城】全景
【萩城】天守着色古写真、天守古写真、天守台
【彦根城】天守、天守付櫓、続櫓、天守狭間、天守突上戸、西の丸三重櫓、天秤櫓、太鼓門、廊下橋、厩、鉢巻・鉢腰巻石垣、内郭土塁、天秤櫓前堀切、佐和口櫓門礎石、山切岸、橋脚跡、登り石垣と竪堀、井戸曲輪入口の石垣、櫓台のある登り石垣、本丸と井戸曲輪の高石垣
【日出城】鬼門櫓、裏門櫓
【備中松山城】天守、天守入口、囲炉裏、御社壇、二重櫓、土塀、狭間、大池、堀切
【姫路城】天守台所、大天守流し台、大天守武具掛け、大天守石打棚、大天守狭間、西小天守、太鼓櫓、渡櫓、菱の門、ちの門、にの門、ぬの門、るの門、土塀、土塀控壁、油塀、土塀狭間、西の丸多門櫓石落、中堀の土塁
【平戸城】狸櫓（多門櫓）
【弘前城】天守（御三階）、丑寅櫓、追手門、狭間、石落、土塀
【広島城】天守、天守古写真、天守内部古写真、天守復元模型、平櫓、天守台石垣、内堀
【福岡城】二重隅櫓
【福山城】伏見櫓
【伏見城】刻印
【府内城】宗門櫓
【前島石切場】分銅刻印
【松江城】天守、中櫓、天守石落、天守地下井戸
【松前城】御三階、本丸御門
【松本城】大天守、乾小天守、天守石落、天守内部
【松山城】天守、天守内側、石蔵、天守壇
【丸岡城】天守、天守入口、廻縁、高欄
【丸亀城】天守（御三階）、天守西面、大手門、二の丸井戸、御殿表門脇番所、石落
【水戸城】御三階古写真、大手門、空堀
【盛岡城】御三階古写真
【山形城】二の丸土塁
【吉田城】本丸鉄櫓西下の野面積石垣、豊川
【淀城】墨書
【米子城】天守古写真、天守台、天守絵図
【米沢城】御三階古写真
【和歌山城】天守、御廊下橋（廊下橋）

【特別対談】すべてのパーツが揃う彦根城

二〇二三年四月、本書でも多くのパーツを取り上げている
彦根城をめぐりながら、
ガイドブックでは取り上げられない、
お二人にとっての真の見どころを語っていただきました。

（構成・編集部）

中井均氏（左）と加藤理文氏。

■すべてのパーツが揃う城

加藤　今回、なぜ我々が彦根城を選んだのかというと、石垣と土塁の両方が見られる城だからですよね。

中井　ここには、城のパーツすべてがある。土塁も石垣も竪堀も登り石垣も使われている、戦国期城郭の到達点といえます。

加藤　もう少し時代が後になると、だんだん石垣だけになってくるし、前だと土造りだから、時期的にちょうどいいですね。

中井　膳所城に次ぐ、天下普請の城です。

加藤　関ヶ原合戦からまだ間もない慶長九年（一六〇四）、軍事的緊張状態の中でつくられたから、戦うための施設という城の本質がよくわかります。

中井　よく彦根城は二十年かけてつくられたといわれるけど、天下普請は二年で、現在の内堀内です。豊臣大坂城に対する最前線の城、徳川幕府が中山道の抑えとしてつくった。

加藤　中井さん、彦根城は何度目？　三桁いってる？

中井　おそらく(笑)。中学で初めて来て以来、チケットをすべて取ってあるので数えたらわかると思う。

加藤　じゃあ、ズバリ、いちばんの見どころは？

中井　作事（建築物）と普請（土木工事）の見事な融合やね。作事込みで考えられた縄張には、毎回しびれる。

加藤　同感。ここでしか見られない遺構がたくさんあります。

中井　なので、今回は国宝天守には上りません（笑）。

加藤　ガイドブックには載らないところを積極的に紹介して

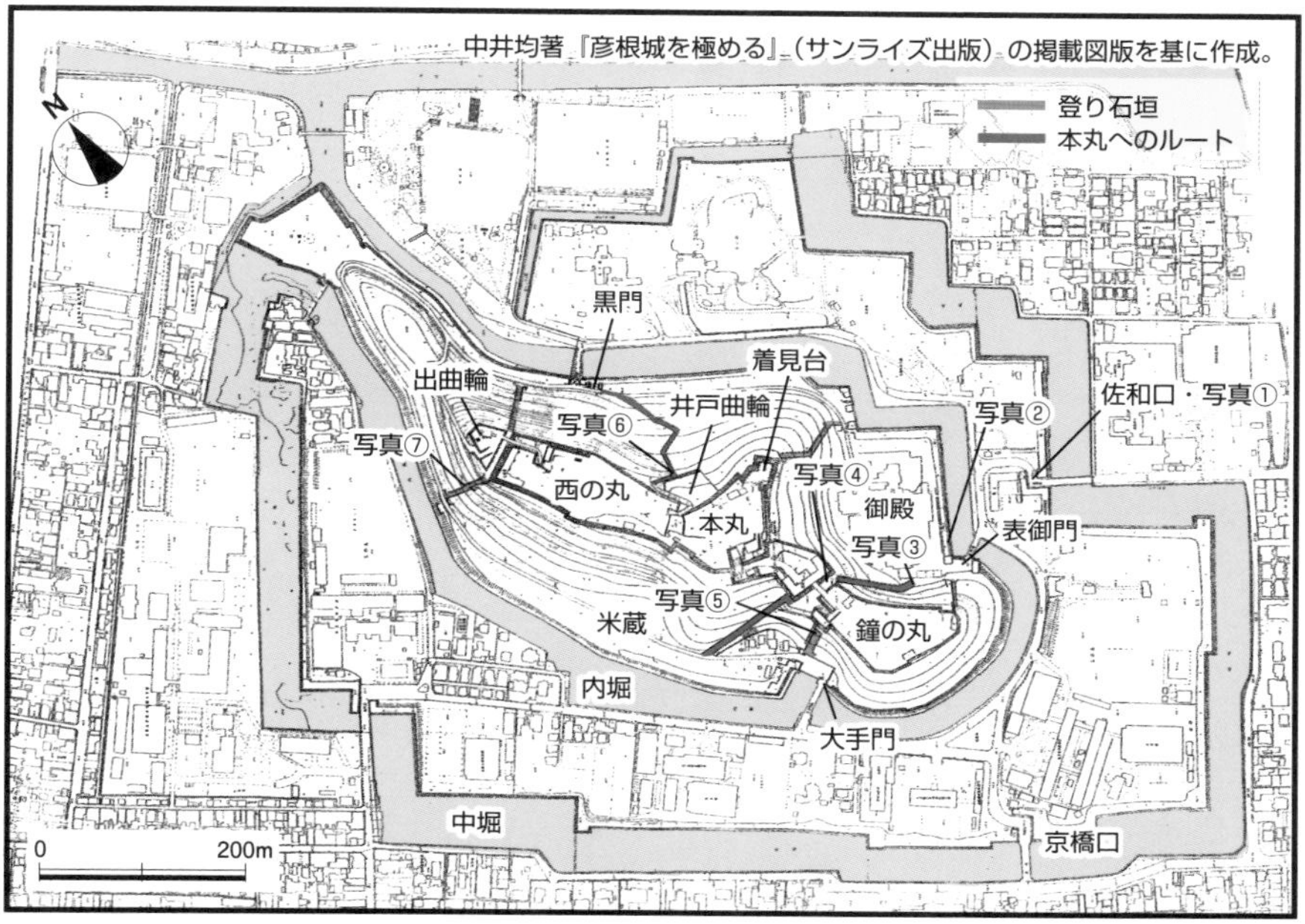

中井均著『彦根城を極める』（サンライズ出版）の掲載図版を基に作成。

いきましょう。

■佐和口に残る礎石の鉄錆

中井　天下普請は内堀の中で、外は大坂の陣が終わってから、井伊家が独自につくった部分です。

加藤　佐和口は搦手で、大手は西側の京橋口になります。

中井　当初、京に近い方に大手がつくられて、参勤交代がはじまってからは、江戸に近い佐和口が正式な門になった。なので、藩主を出迎える「いろは松」は佐和口側にあります。

加藤　だから佐和口にも鏡石はあるけれど、大手の京橋口の鏡石の方が圧倒的に大きいわけです。

中井　佐和口の櫓門跡、僕ここの礎石がむっちゃ好きやねん。誰も言わんけど、柱を囲っていた鉄板の錆跡がしっかり残っとる（笑）。それに櫓門だから礎石が片側三つ。鏡柱と棟を支える真ん中の柱、控柱の礎石がこんなにきれいに残っているところはなかなかないです。（写真①）

加藤　通常の門は、鏡柱と控柱で礎石は片側二つの全部で四つだけど、櫓門になると六つになりますから。

中井　ここの櫓門は明治初年に解体されてます。

加藤　そこから百五十年以上、雨に晒されながら当時の名残の鉄錆がしっかり残ってる。いいねえ（笑）。

中井　ええでしょ（笑）。

加藤　厩も見ましょう。全国の城の門のそばに必ずあったはずなのに、現存するのは全国でもここだけだから。

中井　厩は手っ取り早く、しかも安く入札できるから……。

加藤　解体して薪にされてしまうんですよ。当時は、煮炊きするのも薪なので、需要が高かったから。いま、ここ彦根も含めて城にけっこう木が生えているけど、本来は城に木はほとんどなかったですからね。

中井　いや、あるで。幕末・明治の写真を見てると（笑）。

加藤　手入れができてなかったからですよね（笑）。江戸も後半、藩の財政が厳しくなると、伐採まで手が回らなくなるんですよ。

中井　彦根藩では松を植えろと言ってたらしい。松は生木でも燃えるので、戦争のときにも使えるから。

加藤　普通の木は、乾燥させないと燃えないですから。

中井　江戸時代、城内には松しかなかったんじゃないかな。

■刻印石のない天下普請の城

中井　彦根の天下普請の記録はいくつかあるけど、それぞれ記述が違っていて、正確な丁場割図もない。そして、いちばん不思議なのは、刻印石が一切ないことです。

加藤　そうですね。他の天下普請の城、篠山、亀山、名古屋、大坂、江戸には、刻印石はいっぱいありますよ。彦根城の石はどこから持ってきたんですか？

中井　一番古いのはおそらく佐和山城と、ここ彦根山にあったチャート。近くの荒神山も石切場で、湖東流紋岩という石です。荒神山で採れなくなってから、花崗岩に変わりました。

加藤　刻印石がないということは、大名配置をしなくてもよかったのかな？　初期の天下普請だったからなんですかね？

中井　大坂城みたいな、きちっとした丁場割ができない天下普請だった可能性もあるかな。

■表御門の腰巻・鉢巻石垣

中井　表御門が彦根の正式な門。本丸から現在の場所に御殿を下ろしてからは、大手門でなくここから出入りしました。

加藤　御殿を移す場所は、ここしかなかったんですよね？

中井　おそらく。もとは家老の屋敷があった場所らしいです。元和までは重臣屋敷は内堀の中にあって、藩主は山頂の御殿にいた。それより疑問なのは、御殿をなぜ土塁で囲ったのか？

（写真②）

加藤　水堀だから下は腰巻石垣にするのは当然としても、総石垣にしておいた方がいい場所と高さですよね。

中井　御殿やから、あえて石垣にしなかったのかな。

加藤　御殿は築地で囲むのが一般的。だけど、この場所で築地じゃ心もとない。石垣でなく土塁にすることで、ここは非戦闘的な部分であることを示すということかなあ？

中井　そう。石垣で囲むと戦闘的な部分になってしまう。そんな無粋なところをお住まいにするわけにはいかない……ということかもしれないなと。まだ結論は出てませんけど。

加藤　表門橋の西側も総石垣でなく、腰巻・鉢巻石垣ですね。

中井　総石垣だと直線にしか積めないからね。ここは丸くしたかったんだと思う。甲州流軍学では、曲輪は丸く取れという。（153ページ写真）

加藤　本丸や二の丸の「丸」は、曲輪に死角となる角をつくらないことから来てますからね。

中井　そう、この場所の上にある曲輪「鐘の丸」が巨大な丸馬出になっていて、縄張した早川弥惣左衛門幸豊が「当城第一の出来也」と言っている。両袖に登り石垣と竪堀を持っていて、上と下で二重に円形をつくりたかったんだと思います。

加藤　武田の三日月堀のようなイメージもできますね。

中井　まさに！　縄張した早川弥惣左衛門幸豊と父豊後守が、馬場美濃守信春に属しており、甲州流軍学が基にあると考えていいかと。

■忘れられた遺構「山切岸」

加藤　ほとんど知られてないけど、山麓部分は切岸です。

中井　そう「山切岸」。文化十一年（一八一四）の『御城内御絵図』にも、しっかり茶色く描かれてる。表御門にある案内板にも絵図が載っているので見てほしい。

加藤　すべてを切岸にしたのはなぜだと思いますか？

中井　縄張を担当した連中の考え、さっき言った甲州流軍学が基にあるかなと。僕は、甲州流軍学そのものは、けっして眉唾ではないと思っている。甲州流が最強かどうかは別として、まじないと一緒で氏素性がはっきりしていて、どこで何を学んだかが大事やった。

加藤　甲州流は土で城をつくっていくのが基本ですからね。

中井　だから山裾を垂直に切っている。岩盤を削っていて、一番高いところは九間（一八メートル）。

加藤　低いところでも四間（八メートル）。彦根山の山裾をぐるりと一周削った、かなりの土木工事。いまは木が生えていて、残念ながら切岸とわかりにくいですけどね。

中井　表御門の入口付近（写真③）と西側の米蔵の前が、比較的わかりやすい。切岸は南北朝時代の『太平記』にも記されている大事な防御施設。だけど、明治以降の公園管理をしている方たちは山切岸なんて、見たことも聞いたこともないから、遺構として意識されてこなかった。

加藤　山切岸どころか、「登り石垣」だって、少し前までほとんどの人は見てなかったくらいですからね（笑）。

中井　以前は自分たちだけで秘かに楽しんでたね（笑）。

加藤　文禄・慶長の役で倭城につくられていた登り石垣だけど、それがここ彦根にもあるんですよ。

中井　倭城の生命線、補給路の港湾を囲って、絶対に敵に入られないようにするために築かれた登り石垣。よく一番強い虎口は枡形というけど、一番は虎口をつくらないことになる。

加藤　西生浦《ソセンポ》城なんて、虎口を潰しているものね。加藤清正は、文禄の役でやられたから、慶長の役のときは枡形を全部埋めて入れないようにしてたんですよね。
中井　立命館大学の谷徹也先生の調べられたところによると、彦根城の天下普請では公儀より奉行が三人派遣されていて、そのうちの一人が秀吉の普請方で朝鮮出兵のときに倭城をつくっている。なので谷先生曰く、彦根城の登り石垣は彼が指示してつくらせたのではないかと。
加藤　他に登り石垣がある城は、伊予松山、淡路洲本、米子と但馬竹田くらいですね。
中井　伊予松山城の加藤嘉明、淡路洲本城の脇坂安治、米子城の吉川広家、但馬竹田城の赤松広秀。皆、朝鮮に行っていますね。

■堀底に導かれる城道

加藤　彦根城は、本丸へ上るルートが、黒門、表御門、大手門から三つあるけど、それぞれに見どころがありますね。
中井　一つめの表御門からのルートは、まっすぐ上る城道。
加藤　正面の天秤櫓の東端の二重櫓から、しっかり見えるんですよ。
中井　さらに、城道を上りきると二重（二階）の櫓門が控えていた。その門を突破できても、今度は真上からの攻撃がきて、敵はそこではじめて自分が堀底にいることに気づく。

加藤　城道が、いつの間にか堀切の堀底を通っていますね。
中井　堀底に誘導する縄張、それを二重の門で隠していて、さらに櫓から狙える仕掛けになっている。戦国期の城は縄張・土木だけで完成するけれど、近世の城は縄張にプラスして作事（建築）が入ってくる。
加藤　近世になると、門や櫓など建物を建てる前提で縄張していることがよくわかる構造ですね。
中井　よう計算されてるわ。
加藤　この堀底では、石垣に残る廊下橋の橋脚跡（写真④）もお見逃しなく。今のように下から橋脚で支えていたと思っている人が多いけど、当時は両サイドで橋脚を支えていましたからね（笑）。
中井　天秤櫓の石垣が、左右で積み方が違うのはもう有名か。右側が打込ハギ、左側が嘉永に積み直した落し積になる。ここでは、ぜひ修理方法を想像してみてほしい。
加藤　石垣の上の天秤櫓は、解体されてないですからね。
中井　曳屋《ひきや》工法は、時期的にまだ早いから……。
加藤　石垣の奥までグイっと木を差し込んで、それで櫓を支えておいて、橋脚あたりから積み直したというところかな。
中井　その「天秤櫓」という名前は、近世以降の俗称です。多門櫓の両端が二重櫓になっているからそう呼ばれるけど、左右対称でないから、正確にいうと天秤ではない（笑）。
加藤　屋根を見るとわかるけど、左は妻入で、右は平入にな

ってます。(83ページ写真)

中井　その理由がわかる僕の一番好きなところが、二つめのルート、大手門からの城道にあります。こっちもまっすぐ上る道だけど、真正面にビッタリと二重櫓の平入を合わせてきている。百回来ても見飽きない、縄張の極致やと思う。

加藤　平入の方が、妻入より攻撃面が広くとれるからね。この城道は頭上から狙われたら、隠れる場所がまったくない。運よく攻撃をかわせても、また門が控えていて、その先は大堀切の堀底。表御門からの城道と同じところに誘導される。

中井　反対側の二重櫓も、敵が来る方向に平入を合わせている。平入と妻入、この違いをしっかり見てほしい。

■大手の登り石垣と竪堀

中井　大手虎口の、大手門からの登り石垣の起点も見ておこう。

加藤　ここ、鐘の丸の石垣にしっかりジョイントしていますが、「竪堀」が上までできていないので、外側は鐘の丸の石垣に沿って犬走りを残しているのがわかります。

中井　彦根城の登り石垣は五本あるけど、すべて竪堀とセットになっているのが特徴やね。(写真⑤)

編集部　竪堀だけでも敵の横移動は防げそうですが……。

中井　登り石垣も竪堀も、まあ用途は一緒ですね。石垣のまだない戦国期は竪堀で防いで、文禄・慶長の役の段階で竪堀と登り石垣をセットにして、それ以降につくった城は、竪堀を捨ててしまって登り石垣だけになる。なので、竪堀と登り石垣がセットであるのは、おそらく彦根城だけ。

加藤　竪堀は必要なくなるんですよ。伊予松山城も、淡路洲本城も但馬竹田城も、竪堀はなくて登り石垣だけですから。

中井　米子城は過渡期で、慶長三年(一五九八)くらいの国内で一番古い登り石垣だと思います。本来は登り石垣二本にすべきところ、一本は竪堀になっている。

加藤　過渡期の米子城を見ると、竪堀と登り石垣が同じ機能を持っていたのがよくわかります。

中井　ただし、敵を防ぐ機能は同じでも、石垣だと上に建物をつくり、狭間を切って迎撃できる。堀ではできない。

加藤　もう一歩進んだ攻撃ができるというわけ。

編集部　登り石垣のある城は、かなり少ないですよね?

中井　山城じゃないとつくれないからね(笑)。よく彦根城は平山城だと紹介されることが多いけど、絶対山城ですよ。

加藤　元和偃武になると、もう山城はないしね。

中井　圧倒的に高い山城にも登り石垣はない。なので、あと登り石垣があってもいい、と僕が思うのは姫路城やね。

加藤　姫路城は朝鮮瓦も使っているからね。

中井　このくらいの高さの城で、文禄・慶長の役に行った連中は、慶長期の段階では登り石垣をつくっておかしくない。

加藤　淡路洲本城あたりが高さとしては限界かな。朝鮮に行っていても、高取城や岩村城は無理でしょ。

中井　彦根城は国宝天守ばかりが有名だけど、令和の城めぐりは、ぜひこういうところをしっかり見てほしい。

加藤　登り石垣と竪堀のセットはここだけ。ある意味、全国に五つある国宝天守よりも貴重ですよね（笑）。

■「第一の出来」の馬出曲輪

中井　表御門と大手門からの合流地点の堀切を守るのが、鐘の丸。腰巻・鉢巻石垣の上にあたる曲輪になります。

加藤　「第一の出来」なのに、誰も立ち寄らない（苦笑）。

中井　この曲輪、丸馬出にしたいのが、石垣からわかります。鎬《しのぎ》を重ねて鈍角にし、死角ができないようにしている。

加藤　櫓も配置されていて、丸馬出というより出丸ですね。

中井　なかなか概念が難しいけど、僕は「馬出曲輪」という言い方をしてます。馬出は曲輪にはならないけど、淀城の東曲輪も大きくて、馬出曲輪という考え方をしてる。

加藤　諏訪原城の丸馬出だって、出丸とも考えられるよね。

編集部　馬出曲輪なら、兵力の一次的な駐屯場所ですか？

中井　だと思いますよ。

加藤　佐和口と京橋口から来た敵を、表御門と大手門からの城道で堀切に誘導して、ここで防ぐ。要の曲輪ですね。

中井　反対の西の丸にも出曲輪があって、そちらは石垣でつくっているので角馬出。そして、西の丸と出曲輪間の堀切の両端にも登り石垣と竪堀のセットがある。

加藤　南北の馬出で、本丸を守る縄張になっている。

中井　南北ともに、人工的に堀を切っているんだけど、近世の城でこれだけ大きな堀を切っている城はないです。

加藤　元々の自然地形に合わせた構造ではないところが、いかにも近世的ですよね。

中井　関ヶ原以降に、この山を選地したのがすごい。よく姫路城も一緒じゃないのかといわれるけど、あちらはすでに天正八年（一五八〇）に秀吉が城をつくっているから、その延長線上。高取城も岩村城も、戦国期から使っている城を継承してる。なので、この時期に新たにつくられた山城を考えると、あとは佐伯城（１６９ページ写真）くらい。

加藤　普通、関ヶ原以降にあんな場所に城はつくらないよね。毛利高政は、まだ戦う気だったということかな。

■御殿越しに天守を見た本丸

加藤　彦根城は、櫓と塀を効率よく組み合わせているよね。重要な場所だけ多門櫓にして、きっちり押さえている。あと排水もしっかりしていますね。

中井　石垣は雨で崩れやすくなるので、排水は重要。太鼓門櫓前の外枡形は、岩盤を削って石垣と合わせているけど、岩盤を削って排水溝もつくってます。（３ページ写真）

加藤　門の前の雨落ちや側溝は、遺構もわかりやすいし、雨水をどう逃しているかを追っていくのも面白いですね。

中井　本丸には幕末まで一部が二階建ての御殿が残っていたから、天守は御殿の屋根越しに見えていたことになる。なので天守の妻入側は、見せる意識は毛頭なかったと思いますよ。

加藤　妻入側の一重目の破風の切妻（カバー写真）も、本来はあり得ない。普通なら雨が入らないように入母屋にするはずですから。

編集部　その割に、妻入側も華頭窓など装飾は豪華ですね。

中井　四面体なので、二面だけ飾る訳にもいかないからね。でも、本来見せたいのは平入側の方。城下から見えるのも平入側。少しでも城を大きく見せるようにしている。

加藤　着見台からは北側の地形を確認しておこう。いまスタジアムを建てている辺りに松原内湖が広がってました。

中井　もともと井伊直政は、松原内湖の先の磯山に築城許可をもらっていたんです。磯山は、三方を松原内湖と入江内海と琵琶湖に囲まれて、ほとんど島のような場所。

加藤　まあ、要塞をつくるのならいいんだけど、そこだと城下町はつくれませんから。

中井　そう。なので筆頭家老の木俣土佐が、家康に直訴して彦根山に変えてもらった。武士を食わすためには、町人も引っ張ってきて城下町をつくる必要がある。

加藤　当時、武士は職業軍人化しているから、米をもってくる町人が必要で、彼らが住む場所もいりますからね。

中井　因みに、三成がいた佐和山城だと武士も住めない。石田家と井伊家では家臣団の規模が違うので、城下の空間がないと、兵力の駐屯もできなかった。

加藤　着見台からは、本丸と西の丸北側の石垣も必見。あまり注目されないけど、見事な高石垣を見ることができます。

■黒門からの城道の仕掛け

加藤　本丸へ上がる三つめのルート、黒門からの城道を見てみましょう。

中井　表御門と大手門からの道は直線だったけど、こっちは何度も折り曲げているのがミソ。

編集部　表御門、大手門よりきつい。山城ですね（笑）。

中井　僕がいつも言ってるのは、平山城か山城か、しんどかったら山城(笑)。実際に、もし『正保城絵図』に彦根城が残っていたら、彦根城は山城と書かれていたと思う。

加藤　このルートは、本丸と井戸曲輪の高石垣がダブルで見られる絶景ポイントがあります。昔は木が茂っていて見られなかったけど、いまは伐採されてよく見えるようになっています。（191ページ写真）

中井　そして、この井戸曲輪に入る門が、僕が二番目に好きなところ。門の幅を狭めて、一列縦隊でしか入れないようにしている。(写真⑥)

加藤　ここも上の天守からしっかり狙えますねえ（笑）。

中井　慶長期からこの仕掛けが存在してたら面白いなあと、いつも思ってる。

加藤　この道も正面は土塀でなく、ちゃんと多門櫓がくるようになっている。普請と作事を上手く組み合わせています。

中井　高さやちょっとした角度で正面がズレたりするので、それが出来る石垣の技術が到達していたんだと思います。

■北側の巨大堀切と登り石垣

中井　北側の守りで見てほしいのは、まず西の丸三重櫓。城内側一・二階には窓がないのに三階だけ窓がある。

加藤　三階からなら、城外に向かっても撃てるから。

中井　撃てるところはちゃんと窓をつくってある(笑)。今回は通行止めになってしまって行けないけれど、西の丸から出曲輪に繋がる虎口には枡形門があって、このルートもすべて横矢が掛けられる構造になってます。

加藤　そして西の丸と出曲輪の大堀切の両端からは、竪堀とセットで登り石垣が下りてます。特に西の丸三重櫓下の登り石垣は、唯一折れのある登り石垣になっています。

中井　下から見上げると、途中に櫓台があるのがしっかり確認できる。(写真⑦)

加藤　城の西側ではこの櫓台と山切岸を見て、大手門から京橋口に抜けて、鏡石も確認してみてください。

写真①
佐和口の櫓門跡の礎石。四角く鉄錆の跡が残る。

写真②
御殿を囲う土塁と内堀。水堀部分は腰巻石垣になっている。

写真③
表御門からの城道で確認できる山切岸。

写真⑤
起点から見下ろした大手門の登り石垣。城外（左側）には竪堀が構えられている。

写真④
天秤櫓下の石垣に残る橋脚跡。

写真⑦
下から見上げた折れのある登り石垣。中腹に櫓台、その先に西の丸三重櫓が見える。城外（左側）は竪堀になっている。

写真⑥
井戸曲輪に入る門は石垣が狭められている。

おわりに

加藤さんと近世城郭について現存する作事と普請をパーツごとに説明しようと編んだのが『歴史読本』の連載でした。当時すでに戦国時代の山城にも関心が高まっていましたが、近世城郭はと言うと、まだまだ作事のみしか取り上げられていませんでした。

しかし、近世城郭も石垣や堀、土塁といった普請が重要な施設であることはまちがいありません。そこで作事だけではなく、普請にも比重を置いた連載にしようと決めました。おそらく近世城郭の普請についてここまで詳細に紹介した書籍はなかったと思います。

改めて読み直してみるとそれまで脇役でしかなかった普請をカラーで紹介し、主役となっていることに書籍化してよかったと自負しています。もちろん作事についても全国に残存する様々な城郭建築を紹介することも出来ました。

当然のことながら掲載した写真は加藤さんと私が自ら撮ったものです。よくもまぁ、これだけのアングルで写真を撮ったものだと我ながら感心しています。パーツの説明だけではなく、こうした写真を見ていただきながら、城の楽しみ方を感じ取っていただければと思います。

柱の一本一本、壁の厚さ、窓の位置、石垣の矢穴や刻印、土塁の高さや堀の深さなどなど、城郭には石垣の石材ひとつまで知恵と工夫が詰まっているのです。

さぁ、皆さん。本書を城歩きのお供に、全国の城跡へ出発しましょう。

中井　均

二〇二三年七月

彦根城の黒門口からの城道。本丸と井戸曲輪の高石垣がダブルで見られる。

加藤理文（かとう・まさふみ）
城郭研究家。1958年、静岡県生まれ。駒沢大学文学部歴史学科卒業。広島大学にて学位（文学博士）取得。静岡県教育委員会を経て、現在、袋井市立浅羽中学校教諭。公益財団法人日本城郭協会理事・学術委員会副委員長。特に織豊系城郭が専門。著書に『よくわかる日本の城　日本城郭検定公式参考書』（ワン・パブリッシング）、『日本から城が消える「城郭再建」がかかえる大問題』（洋泉社新書）、『織豊権力と城郭―瓦と石垣の考古学』（高志書院）、『静岡の城　研究成果が解き明かす城の県史』（サンライズ出版）、『織田信長の城』（講談社現代新書）、『家康と家臣団の城』（角川選書）など。共著・監修書多数。

中井 均（なかい・ひとし）
城郭研究家、考古学者、滋賀県立大学名誉教授。1955年、大阪府生まれ。龍谷大学文学部史学科卒業。米原市教育委員会、長浜市長浜城歴史博物館館長を経て、滋賀県立大学教授となり2021年に退官。公益財団法人日本城郭協会評議員。織豊期城郭研究会代表。特に中・近世城館が専門。著書に『城館調査の手引き』、『ハンドブック 日本の城』（ともに山川出版社）、『近江の城―城が語る湖国の戦国史』（サンライズ出版）、『戦国の城と石垣』（高志書院）、『城郭研究家の全国ぶらり城めぐり』（産業編集センター）、共著に『歴史家と噺家の城歩き』（高志書院）など。監修書多数。

装丁・誌面デザイン・DTP　大野信長
編集協力　吉本由香
写真提供　加藤理文、中井 均（各執筆の章掲載のもの）
　　　　　その他のクレジットのないものは編集部

協力（順不同、敬称略）
名古屋城総合事務所、山口県文書館、清養院、盛岡市、高崎市教育委員会、古河歴史博物館、公益財団法人米沢上杉文化振興財団、市立米沢図書館、大阪城天守閣、津山郷土博物館、広島城、碧水社、竹重満憲、前田利久、冨田公夫、米子市教育委員会、公益財団法人松平公益会、香川県立ミュージアム、広島市公文書館、広島平和記念資料館、岡山市立中央図書館、鳥取市教育委員会、石川県立図書館、京都市元離宮二条城事務所、KADOKAWA、サンライズ出版

オールカラー 日本の城を極める

2023年8月4日　第1刷発行

著　者　　加藤理文　中井 均
発行人　　松井謙介
編集人　　長崎 有
編集担当　早川聡子
発行所　　株式会社ワン・パブリッシング
　　　　　〒110-0005　東京都台東区上野3-24-6
印刷所　　日経印刷株式会社

【この本に関する各種お問い合わせ先】
内容等については、下記サイトのお問い合わせフォームよりお願いします。
https://one-publishing.co.jp/contact/
不良品（落丁、乱丁）については　Tel 0570-092555
業務センター　〒354-0045　埼玉県入間郡三芳町上富279-1
在庫・注文については書店専用受注センター　Tel 0570-000346

※本書は、『歴史読本』（新人物往来社）2013年1月号～2014年12月号に連載された「名城の条件」を、大幅に加筆・修正・情報更新して1冊にまとめたものです。